GLAUBER PAIVA

MÉTODO QUÉOPS

OS SEGREDOS DA PROSPECÇÃO CRIMINAL

Copyright© 2022 by Literare Books International
Todos os direitos desta edição são reservados à Literare Books International.

Presidente:
Mauricio Sita

Vice-presidente:
Alessandra Ksenhuck

Diretora executiva:
Julyana Rosa

Diretora de projetos:
Gleide Santos

Relacionamento com o cliente:
Claudia Pires

Capa:
Marcos Paulo Veríssimo

Projeto gráfico e diagramação:
Gabriel Uchima

Revisão:
Margot Cardoso

Impressão:
Gráfica Paym

**Dados Internacionais de Catalogação na Publicação (CIP)
(eDOC BRASIL, Belo Horizonte/MG)**

P149s

Paiva, Glauber.
Método Quéops: os segredos da prospecção criminal / Glauber Paiva. – São Paulo, SP: Literare Books International, 2022.
14 x 21 cm

ISBN 978-65-5922-409-8

1. Prospecção criminal. 2. Direito penal. I. Título.

CDD 340

Elaborado por Maurício Amormino Júnior – CRB6/2422

Literare Books International.
Rua Antônio Augusto Covello, 472 – Vila Mariana – São Paulo, SP.
CEP 01550-060
Fone: +55 (0**11) 2659-0968
site: www.literarebooks.com.br
e-mail: literare@literarebooks.com.br

OS SEGREDOS DA PROSPECÇÃO CRIMINAL

AGRADECIMENTOS

Primeiramente, agradeço a Deus pela saúde a mim todos os dias concedida, pelas oportunidades conferidas, pela capacidade de adquirir e exteriorizar conhecimento, por todas as experiências vivenciadas, em especial, aquelas oriundas das trincheiras da Advocacia Criminal. Aos meus pais, Dona Cidinha e Seu Chiquinho que, com seus direcionamentos tornaram-me o homem que hoje sou e me ensinaram que para pessoas não existe preço, mas valor. A minha pequena filha, Ana Júlia, tal como, a sua genitora que dela tão bem cuida, a minha sobrinha Anna Luz, por quem tenho carinho e cuidado de filha e ao meu sobrinho Henrique Glauber! Aos meus fiéis "cãopanheiros" Liminar e Alvará. A toda equipe do meu escritório, principalmente, à Dra. Raissa Guimarães e Carolina, além de todos que por lá passaram e da minha trajetória fizeram parte, como o grande irmão Hel Marques. A todos os nobres criminalistas, especialmente, aos meus veteranos, Dr. Lúcio Adolfo e Zanone Júnior. Aos amigos e Advogados Drs. Wener Alvim, Renan Pompeu, André Dolabela, Rodolfo Lopes, Ignácio Barros Jr., André Vartuli, Guilherme Malaquias, Alexandre Fonseca, Diego Alves, Igor, Bruno Correra, Bruno Melo, Marco Aurélio, Tiago Juvêncio, Diego Specter e a toda jovem advocacia. À Dra. Helena Ramalho, por ter colaborado para a construção da presente obra e muito do seu tempo dedicado para revisá-la. A minha grande amiga Kamila Simioni e toda a sua família, pelo inestimado apoio e amizade. Enfim, meus sinceros agradecimentos a todos que acreditam no meu trabalho, o que inclui meus seguidores, membros da Firma e Segredo Criminal, clientes, familiares e amigos. Minha eterna gratidão a vocês que, direta ou indiretamente, motivam-me a ser melhor a cada dia.

SUMÁRIO

INTRODUÇÃO...9

MINHA TRAJETÓRIA...11

1. VISIBILIDADE...19

2. CONHECIMENTO...23

3. APARÊNCIA...27

4. A RELEVÂNCIA DE SER RECONHECIDO
COMO AUTORIDADE..37

5. CORAGEM..39

6. MARKETING DIGITAL
(PERFIL CRIMINALISTA NO INSTAGRAM)..............45

7. DA REGRA 90 – 10:
A REGRA MAIS IMPORTANTE.......................................51

8. ARQUÉTIPO...53

9. CRIAÇÃO DE CONTEÚDO
DE QUALIDADE...57

10. NETWORKING..73

11. A IMPRESCINDIBILIDADE
DE SE TER UM MENTOR..81

12. A IMPORTÂNCIA DE
SE FAZER PARCERIAS..87

13. CLIENTES..89

14. RESULTADOS 99

15. COMO ELEGER A ÁREA DE ATUAÇÃO.............. 103

CONCLUSÃO 109

INTRODUÇÃO

Inicialmente, insta enfatizar que o método Quéops foi pensado, desenvolvido e criado, após dez anos de experiência no exercício da advocacia criminal, com mais de dois mil contratos firmados e atuação em mais de 1.300 processos em todo território nacional, desde a fase preliminar até a execução penal, dentre eles, os que versam sobre a maior apreensão de drogas do País, além dos que envolvem grandes operações, organizações criminosas, crimes relacionados à lavagem de bens e capitais, tráfico de drogas e tribunal do júri.

A referida criação tem por objetivo principal a condução de profissionais da área a uma prospecção exitosa, lucrativa de clientes, além da manutenção de uma boa carteira.

O supradito método tem por inspiração a Pirâmide de Quéops, a mais antiga das sete maravilhas do Mundo, localizada no Egito.

Basicamente, consiste na estrutura tríplice, composta por visibilidade, clientes e resultados, que formam um ciclo perfeito de crescimento no âmbito da advocacia criminal e que a todos atenderá, sejam iniciantes, intermediários ou veteranos que almejem multiplicar seus honorários e acompanhar a advocacia moderna.

Para o advogado, (em especial, o criminalista se inserir e manter-se no atual mercado de trabalho,) far-se-á necessário o alcance da visibilidade, ou seja, ser reconhecido pela sociedade como profissional da área e lembrado sempre que alguém estiver diante da dor ou problema, na maioria das vezes, relacionado com a ameaça ou privação do direito de liberdade.

À vista disso, para o atingimento de uma boa visibilidade, será indispensável a demonstração de conhecimento teórico, investimento básico na aparência, em *marketing* digital – principalmente, na plataforma do Instagram – além da transmissão de autoridade, coragem, realização de *networking*, criação de parcerias com outros profissionais da área e escolha de um mentor.

Após consolidada a referenciada visibilidade, base da estrutura do Método Quéops, surgirão os clientes, segundo elemento estrutural e, por conseguinte, oriundos destes, os bons resultados dos trabalhos realizados, que correspondem ao último e que, por sua vez, gerarão aumento da visibilidade já alcançada, outros clientes e mais resultados. Por isso, denominado ciclo perfeito.

Ante o exposto e com base em todas as situações experimentadas até hoje no exercício da advocacia criminal, conclui-se que se trata de técnica eficiente que, se utilizada devidamente, será capaz de influenciar positivamente para o fechamento do contrato de prestação dos serviços, desde o primeiro contato.

MINHA TRAJETÓRIA

"Sempre fui sonhador, é isso que me mantém vivo. Quando pivete, meu sonho era ser jogador de futebol, vai vendo. Mas o sistema limita nossa vida de tal forma que tive que fazer minha escolha: sonhar ou sobreviver. Os anos se passaram e eu fui me esquivando do ciclo vicioso. Porém o capitalismo me obrigou a ser bem-sucedido. Acredito que o sonho de todo pobre é ser rico." (*A vida é desafio* – Racionais Mc's – 2002)

Fui aluno da Escola Estadual Professor Francisco Brant, localizada no bairro Caiçara, na capital mineira, escola pública, pertencente aos quadros da educação do Estado, desde o ensino fundamental ao médio, quando concluí minha formação geral básica.

Meus pais não dispunham de recursos suficientes para cobrir os custos oriundos do ensino em uma instituição particular, contudo, jamais deixaram me faltar apoio motivacional e material para os estudos. Inclusive, se cheguei até aqui foi graças aos esforços não medidos e empregados por eles, com os quais sei que até hoje posso contar incondicionalmente.

Na adolescência, assim como a maioria dos adolescentes que gostam de futebol, vivi, por certo tempo, o sonho de me tornar um jogador, pois acreditava que tinha habilidades e bom condicionamento físico, pontos favoráveis para ser aceito em algum clube profissional.

Diante dessa crença, mudei-me para Uberaba na tentativa de entrar para o time da cidade, o Uberaba Sport Club. O meu objetivo de vida, naquele momento, era o de ser jogador de futebol profissional.

Não me mudei para estudar, pois estava ainda no 2º ano do ensino médio, com 16 anos e nem imaginava que tinha vocação para o Direito.

Assim comecei a jogar no Juvenil. Mas, por ser um time pequeno do interior e que não possuía grandes patrocinadores, não obtive nenhum retorno financeiro ou qualquer ajuda de custo.

Após sete meses de tentativas, recebi uma chamada telefônica do meu pai que, naquela oportunidade, orientou-me a retornar a Belo Horizonte. Sugeriu que eu tentasse jogar em um time local, além de dizer que gostaria que eu prestasse vestibular para ingresso em instituição de ensino superior, visando a ser um oficial, quando me alistasse e ingressasse no Exército.

Retornei a Belo Horizonte e meu pai continuou a insistir veementemente para que eu prestasse vestibular e ingressasse no curso de Direito. Decidi me submeter ao exame realizado pelo Centro Universitário UNA, tendo sido aprovado na primeira tentativa, no ano de 2005, ingressando em 2006 na primeira turma de Direito, formada pela instituição e concluído no ano de 2010.

Fiz o alistamento perante o Exército e consegui ingressar no CPOR (Centro de Preparação de Oficiais da Reserva). Trabalhava como mecânico de motos na oficina do meu pai, profissão que iniciei quando tinha 13 anos de idade, e, ainda seguindo os seus conselhos, conciliava minhas atividades com os estudos, objetivando abrir meu leque de oportunidades, quando me tornasse aspirante.

Sempre unidos. Eu, meu pai e minha mãe trabalhávamos juntos numa pequena oficina instalada na Avenida Dom Pedro II, também em Belo Horizonte, para, assim, conseguirmos nos manter e pagar minha faculdade.

Não tenho vergonha alguma disso e não nego minha origem. Pelo contrário, faz parte da minha trajetória e é, ao olhar para ela, que hoje consigo me orgulhar do que vivo agora.

Admito que, por alguns momentos, sentia um desgaste muito grande. Eram muitas minhas atividades, me via prestes a largar o curso, até que, em uma consulta com o médico militar, exteriorizei a situação em que me encontrava e, naquele instante, ele se demonstrou sensibilizado, notou meu coração acelerado, atestou princípio de ataque cardíaco e me dispensou.

Naquele momento, desligava-me da carreira militar. Continuei fazendo faculdade pela manhã e exercendo minhas atividades laborais na oficina, à tarde. Em 2008, tive que me mudar para o turno noturno, tendo em vista que estava abrindo uma filial da oficina do meu pai e era eu o responsável por cuidar de praticamente tudo. Inclusive, por muitas vezes, cheguei a ir à faculdade assistir às aulas com as mãos ainda sujas de graxa.

Formei-me aos 23 anos de idade, no ano de 2010. Em seguida, inscrevi-me e realizei o exame da OAB, em 2011: já estava aprovado.

Mas ainda tinha apego à minha loja, pois era de lá que saíam os recursos para garantir a minha subsistência e de minha família.

No final do ano de 2011 para o ano de 2012, meu irmão, que também veio trabalhar conosco na loja, passou a avocar algumas de minhas atribuições e me encorajar para que eu me liberasse para atuar na advocacia criminal.

Seguidamente, um grande amigo meu e advogado atuante na área, fez-me o convite para advogar com ele. Conversou com minha mãe, ressaltando as minhas qualidades, disse que via em mim o perfil ideal para integrar seu escritório e sempre demonstrava indignação pelo fato de eu ter OAB e não atuar na profissão.

A pessoa que me deu a oportunidade se chamava Jayme. Hoje já não mais está entre nós, vez que, infelizmente, tinha sido assassinado no bairro Castelo, em outubro 2013, após ser atingido com 40 tiros de fuzil. Jayme abriu as portas para mim e a ele serei eternamente grato. Se não fosse o seu olhar sensível, talvez não tivesse tido a oportunidade, iniciativa e coragem para aprender e, com a advocacia criminal, trabalhar.

No início, não poderia largar minha loja, mas para não dispensar a oportunidade, procurei-o e lhe manifestei interesse. Contudo disse-lhe que poderia ficar no escritório por um dia inteiro, apenas uma vez na semana, às quartas-feiras.

Ainda assim Jayme abriu os braços para mim (queria me testar) e me pediu que fizesse uma alegação final em forma de memoriais escritos de um suposto crime de furto. Fiz a referida alegação em um caderno e, ao apresentá-la ao Jayme, de imediato, ele demonstrou-se satisfeito com o visto. Elogiou e disse que eu precisava ser "lapidado".

Na ocasião, pediu-me que passasse a ir três vezes por semana, para que pudesse aprender mais. No entanto não poderia me comprometer tanto, pois sequer estava acostumado a usar terno e gravata. A minha rotina, até então, seguia a mesma e minhas mãos continuavam ainda com resquícios de graxa...

Inesperadamente, em uma semana atípica, a oficina estava com pouco movimento, o que me permitiu ir nos três dias, conforme sugerido. Até que, na sexta-feira seguinte, ocorreu um flagrante relacionado ao crime de tráfico de drogas.

Era o meu quarto dia de trabalho e Jayme me testou mais uma vez: me pediu para ir até a delegacia realizar o acompanhamento do flagrante. Naquele dia, estava eu atuando no meu primeiro flagrante sozinho.

E era exatamente o que ele queria: ver se eu teria a coragem necessária da profissão, ao atuar no flagrante. Fui, dei minha "cara" a tapa e encarei o desafio proposto.

Já na delegacia, prestei assistência ao cliente e, por algumas vezes, entrei em contato com Jayme, para que me orientasse em relação ao que fazer. Mas não houve muito mistério: tratava-se de uma apreensão de grande quantidade, situação em que não havia muito a ser feito pela defesa ali naquele momento.

Em razão do flagrante acompanhado, recebi pelo trabalho realizado o valor de 350 reais, o que era realmente muito para a época. Em um dia, acabava de ganhar mais do que ganharia trabalhando por uma semana na oficina.

Fiquei muito satisfeito com a atuação, principalmente pelo vivenciado. Gostei tanto que, tempos depois, especializei-me no âmbito da Lei de Drogas.

A partir daquela situação, vi-me mais animado com o incentivo do Jayme e em mim surgia uma vontade ainda maior de aprender e atuar com mais profundidade na advocacia criminal. Foi quando passei a comparecer todos os dias da semana ao escritório.

Eu soube muito bem aproveitar a oportunidade que me foi concedida. Jayme confiava bastante no meu trabalho, motivo pelo qual me delegava muitas funções, dentre elas, a de acompanhamento de flagrantes, situações que exigiam que eu passasse noites inteiras nas delegacias regionais, o que costumava fazer sozinho.

Em 2012, comecei a investir, melhorar minha aparência e usar algumas roupas sociais que possuía e outras emprestadas de pessoas próximas. Incluí também no visual uma pasta executiva (maleta, bolsa) como acessório. Desde então, eu gostaria de ser visto como advogado criminalista.

Além disso, comecei a investir mais em conhecimento, principalmente, em doutrinas que versavam sobre processo penal. Realizava, sempre que possível, leitura das peças processuais que o Jayme elaborava, dentre elas, as de liberdade provisória, Habeas Corpus e alegações finais, por escrito, além de manusear e ler os processos físicos que ficavam no escritório.

Na mesma época, surgiu o Instagram no Brasil e que, até então, era utilizado tão somente para postagem de imagens sociais. Não havia ainda todas as ferramentas existentes hoje em dia. Mas, por algum motivo, decidi começar mostrar minha rotina por meio de registros que fazia em delegacias, presídios, audiências e tribunais diariamente.

Comecei a ser alvo de muitas críticas, o que gerava visibilidade para o escritório, sem contar que o Jayme havia achado a ideia surpreendente.

A partir disso, logo nos primeiros meses, comecei a conquistar meus próprios clientes, inclusive, boa parte deles, residentes na maior favela de Minas Gerais, o aglomerado da Serra. Consequentemente, alguns novos contratos foram sendo destinados para o escritório.

Em 2013, após ocorrido o infortúnio com o Jayme, todos passaram a me aconselhar a parar, a desistir de seguir com a advocacia criminal. Entretanto mantive coragem para continuar e, com muito esforço, persistência, atitude, responsabilidade e força espiritual, sigo aqui.

Durante os seis primeiros meses, trabalhava sozinho em um quarto no apartamento que dividia com minha mãe e utilizava uma mesinha velha como apoio para os meus instrumentos de trabalho que eram basicamente um *notebook* e uma impressora simples. E os meus clientes, por seu turno, eram atendidos na sala da OAB.

Alguns clientes também passaram a me procurar, afirmando que eu tinha, por obrigação, continuar atuando nos processos em andamento patrocinados pelo escritório. Inclusive, na maioria das vezes, alguns deles até diziam que já tinham quitado os honorários com o Jayme, outros afirmavam que tinham efetuado parcialmente o pagamento e me propunham pela parte remanescente continuar.

Sem muita opção de escolha, naquelas circunstâncias, decidi aceitar as oportunidades surgidas. Ainda que com apenas um ano e meio de experiência, trabalhei "pesado" e, sozinho, assumi os processos. Os bons resultados se tornaram cada vez mais frequentes, frutos de um trabalho feito não apenas por dinheiro, mas por amor ao ofício.

Com o decorrer do tempo, fui ganhando mais visibilidade no mercado de trabalho e atraindo novos clientes.

Com todas essas "viradas de chaves ocorridas", aprendi a conciliar oportunidade, resiliência, dedicação, persistência e bons resultados. Foi assim que me tornei uma máquina incansável, que trabalha constantemente em busca de conhecimento e que prioriza se manter funcionando como destaque no mercado de trabalho, gerando oportunidades de empregos e liderando uma equipe competente e comprometida em atender, com excelência e maestria, aos interesses dos clientes e da sociedade.

Com o aumento das demandas, fez-se necessária a colaboração de outras pessoas no desempenho das funções que até então eram só minhas.

A partir de então, apareceram algumas oportunidades de parcerias de trabalho, o escritório foi sendo expandido e, atualmente, somos uma equipe formada por sete profissionais.

Ao longo dos últimos anos, prospectei mais de dois mil clientes e atuei em mais de 1240 processos. Inclusive, dentre eles, estão os que tratam das duas maiores apreensões de drogas do País que, se somadas, ultrapassam 60 toneladas de drogas apreendidas, além das maiores operações do Departamento Estadual De Combate Ao Narcotráfico – DENARC.

Tornei-me atuante na Ordem dos Advogados do Brasil de Minas Gerais, como presidente de algumas comissões e presidente da ANACRIM. Lancei no ano de 2021 um *Vade Mecum* específico da Lei de Drogas com o Dr. Lúcio Adolfo e criei a mentoria da Firma Criminal, que conta com vários membros por todo País, além de idealizar o método Segredo Criminal.

Se chegou até aqui, provavelmente, entendeu a importância de buscar elevar ao máximo seu nível de competência no âmbito da advocacia com conhecimento, proveniente do "campo de batalha" e de resultados reais conquistados na advocacia criminal moderna.

1. VISIBILIDADE

Vale ressaltar que a visibilidade é o sustentáculo da estrutura da pirâmide do método Quéops. Portanto exige-se que lhe seja dada uma atenção maior ao que lhe diz respeito, visto sua importância, inclusive, para preservação dos demais elementos que a compõem e que, por sua vez, também são imprescindíveis para o alcance do que hoje se considera por advocacia criminal de sucesso.

Posto isso, ao longo da presente obra, serão apresentados mecanismos já testados e considerados eficazes para consolidação assertiva da referida base estrutural e, por conseguinte, do todo.

Ressalta-se que o método Quéops foi desenvolvido com o objetivo de transformar e inovar a atividade da advocacia nos seus mais diversos aspectos, de modo a colocar profissionais em evidência, o que se tornará possível, por meio do correto uso de instrumentos que geram visibilidade e que, em momento oportuno, serão tratados.

No entanto, de antemão, faz-se necessário dizer que, na advocacia criminal, a visibilidade tem sido construída por profissionais que ousam na criação de marca própria e exposição da sua imagem em meios que lhes apresentem socialmente como autoridade no âmbito de sua atuação.

Desse modo, para a construção da boa imagem como advogado criminalista, é importante que se apresente da forma mais profissional possível e que não se atenha apenas ao que se refere à aparência.

Mas que ainda abuse da criatividade na criação de conteúdos de valor, a fim de impactar o seu público-alvo, de causar impressão de mérito e de competência no desempenho das suas atividades, que saiba que a busca por visibilidade no mercado deve ser projetada a longo prazo.

Embora seja possível um retorno imediato, é imprescindível que se tenha muito cuidado para que não seja alcançado algo momentâneo, que venha comprometer ou, em seguida, nada mais acrescentar em planos futuros.

Por isso, é relevante trabalhar a ideia de inovar sempre, visto que, só assim, será possível preservar ou prorrogar os efeitos da visibilidade alcançada.

Considerando esse contexto, a boa visibilidade pode ser identificada como aquela que agrega valor, que coloca o profissional no ponto de onde ele deseja ser percebido, ou seja, onde positivamente seus atributos profissionais são reconhecidos.

Reforça-se que a referenciada visibilidade será alcançada por meio da junção harmoniosa de conhecimento, imagem pessoal, atendimento diferenciado, rede de contatos, *networking*, parcerias e apresentação profissional adequada nas mídias sociais.

Por fim, é pertinente lembrar que o mercado busca, sobretudo, autenticidade.

No entanto os elementos essenciais para atingir a visibilidade necessária e se obter um retorno desejável no campo da advocacia criminal serão aqui trabalhados nos tópicos subsequentes por quem já tem experiência frutífera no assunto.

Vem comigo?

2. CONHECIMENTO

Inicialmente, vale ressaltar que, via de regra, a primeira imagem que vem à mente de quem cogita atuar na esfera do Direito Penal, mais especificamente, no âmbito da advocacia criminal, é a ideia de que far-se-á necessária a busca por conhecimento teórico.

Isso ocorre, não raras vezes, com jovens estudantes do Ensino Médio em preparação para prestarem exame de vestibular, ambicionando cursar Direito, tal como com aqueles já graduandos e que se encontram na condição de estagiários ou se preparando para realização da segunda fase da OAB na área Penal.

Ainda, coadunam com o mesmo entendimento supradito, os profissionais iniciantes ou advindos de outra área jurídica para advocacia criminal.

Insta esclarecer que tal prática é de fato importante e o primeiro passo mais indicado a ser dado por todos que desejam tornarem-se criminalistas trata-se da inclusão em seu cotidiano de leitura frequente, seja de boas doutrinas que versem sobre Direito Penal Material, que abordem tanto Parte Geral, quanto Especial do Código Penal, além da realização de pesquisas jurisprudenciais, para fins de conhecer as formas de aplicabilidade.

Além disso, deve-se buscar ainda o domínio da Parte Processual, com manuseio rotineiro do Código de Processo Penal, a fim de se alcançar a maior absorção possível dos conteúdos dispostos nos artigos do referido diploma legal.

Diante da impossibilidade de se investir em materiais físicos, recomenda-se a busca por *e-books* e materiais gratuitos disponibilizados virtualmente ou por obras com preços mais acessíveis.

O importante é não ser paralisado pelas dificuldades, mas se curvar diante delas e se valer de todos os meios possíveis para o alcance do mérito e do sucesso.

Dentro desse tópico ainda, reputa-se importante deixar uma dica teste.

Quer ter um parâmetro do seu nível de conhecimento?

À medida que assimilar mais artigos que aludam sobre matéria Penal, presume-se que mais familiarizado estará com os conteúdos em questão, o que, automaticamente, também levará a crer que mais elevado encontra-se o nível de absorção, e por conseguinte, de conhecimento.

Cumpre salientar que, a partir do momento em que se decide ingressar na advocacia criminal, assume-se para si não só a responsabilidade de ter conhecimento teórico no que diz respeito à literalidade da Lei Penal, das doutrinas e jurisprudências, mas também, prático, pelo acesso aos sites dos principais Tribunais que compõem o Poder Judiciário Brasileiro que, basicamente, são: Supremo Tribunal Federal, Superior Tribunal de Justiça, Tribunal Regionais Federais e Tribunais de Justiça Estaduais.

Ainda, faz-se de suma importância o ato de ler e comentar ementas, bem como o inteiro teor de decisões, de modo a possibilitar um melhor entendimento sobre as fundamentações utilizadas e, consequentemente, ampliação do conhecimento teórico e prático.

Graças à informatização do poder judiciário, é imprescindível que estagiários, advogados iniciantes ou não — assim como, todos os operadores do Direito atuantes na área — tenham total domínio e conhecimento para acesso não tão somente aos sites supramencionados, mas também, às principais plataformas digitais integrantes do sistema jurídico informatizado, dentre elas, estão: SEI (Sistema Eletrônico de Informações), SEEU (Sistema Eletrônico de Execução Unificado), PJE (Processo Judicial Eletrônico), JPE (Processo Eletrônico da 2ª instância), SIGPRI (Sistema Integrado de Gestão Prisional).

Inclusive essa capacidade de dominar tais consultas é ainda mais preciosa para aqueles que estão iniciando na advocacia, visto que pode ser um atributo favorável para viabilizar a aproximação entre o iniciante e um advogado experiente que, por seu turno, não domine ou porventura tenha dificuldades com a tecnologia em comento e que melhor será abordada no capítulo de *networking*, na busca de um mentor.

Normalmente, as pessoas costumam fazer indagações acerca de qual seria a melhor doutrina para se seguir ou fonte de estudo a se explorar.

E de pronto, as digo, inclusive, considerando a realidade financeira da maioria, que precisa diminuir gastos: o melhor instrumento de aprendizado nem sempre será físico; pode ser, em alguns casos, o simples fato de assistir a algo de interesse relevante na advocacia criminal.

Por exemplo, se pretende se tornar um grande tribuno, um profissional de destaque em Plenário do Tribunal Júri, não deve se apoiar unicamente na teoria, mas, também, dar uma atenção especial à prática! Assistir a bons júris, compostos por advogados e promotores com vasta experiência, reforça, em muito, o aprendizado.

Assim poderá não apenas ampliar seus conhecimentos técnicos, mas, também, vivenciar e adquirir estratégias práticas para alcançar melhores resultados.

Frisa-se que o citado anteriormente também serve para aqueles que buscam uma especialização e reconhecimento no âmbito de aplicação da Lei 11.343/06 (Lei de Drogas), ao considerar que são as audiências de instrução e julgamento nas Varas de Tóxicos que oferecem ao advogado atuante nessa vertente um melhor entendimento acerca dos conteúdos pertinentes.

Então, se pretende ter visibilidade no mercado de trabalho, com a finalidade de prospectar clientes nos diversos segmentos que fazem parte da advocacia criminal, deve se interessar pela junção de conhecimento teórico e prático, afinal, ambos são indissipáveis.

3. APARÊNCIA

Observa-se que é inerente à atividade da advocacia a exigência de vestimentas diferenciadas e formais. Costumo comparar o advogado à figura de um super-herói, que passa maior credibilidade ao estar bem trajado, alinhado com o padrão que se espera, equipado com sua armadura profissional, seu traje social.

O que será nesse tópico discutido são apenas algumas recomendações para uma melhor apresentação e não regras impostas a serem seguidas, visto que pessoas têm estilos próprios e possuem liberdade de escolhas.

Valoroso enfatizar que, além do investimento em aquisição de conhecimento, considera-se relevante que o profissional do Direito também invista em sua imagem e aparência, vez que, certo ou não, socialmente "a primeira impressão é ainda a que fica."

No tocante à aparência, não se destaca, apenas, o vestuário, mas o conjunto de elementos que envolvem a apresentação de uma pessoa, o que inclui oratória e gesticulação.

Considera-se interessante fazer aqui a distinção entre terno, costume, paletó e blazer para os advogados que, porventura, não conheçam as diferenças existentes entre as referidas peças.

- **Terno:** é composto por três peças iguais: paletó, colete e calça.

- **Costume:** é composto por duas peças iguais: paletó e calça, modelo mais utilizado no Brasil, por ser um País tropical.

- **Paletó:** é a parte de cima do terno ou costume quando utilizado unicamente.

- **Blazer:** é uma peça coringa única e não forma conjunto com a calça.

Entende-se por usualmente correto, que a parte superior das vestimentas supracitadas seja aberta ao se sentar, contudo, ao ficar de pé, poderá ser aberta ou fechada.

Em dias de temperaturas mais elevadas, poderá ser a parte superior normalmente removida (paletó, terno, blazer), assim como, as mangas da camisa social dobradas; entretanto, a gravata jamais retirada.

Há importância em todos os detalhes, inclusive, naqueles que por alguns são considerados pequenos, como por exemplo, a escolha das meias, se escolhidas inadequadamente, podem comprometer todo o conjunto.

Por isso, aos homens, sugere-se que optem pelo padrão social mais indicado, ou seja, por aquelas que cubram até a metade da canela com cor e tonalidade semelhantes às da calça, do cinto e dos sapatos, criando-se, assim, um vínculo de harmonia entre todas as peças.

Uma outra dica, especialmente para aqueles que têm receio de errar na composição do traje, é que se faça a aquisição e uso da peça coringa e aliada imbatível de todo advogado: camisa social branca.

No que diz respeito às advogadas, não há muito a se acrescentar, por entender que naturalmente estas já assumem um maior compromisso de zelo e cuidado com a aparência e tendem, de forma geral, a serem mais vaidosas e preocupadas com apresentação em relação aos homens.

No entanto julga-se importante deixar como "dica" que o mais recomendado para mulheres atuantes na advocacia, principalmente, na criminal, é que se evite o uso de peças com decotes, alcinhas, manga única, de cores extravagantes, que possuam transparências e que se dê preferência ao uso de sapatos fechados, por transmitirem maior sofisticação e, por consequência, mais credibilidade aos clientes.

Em suma, independentemente do gênero, toda pessoa que deseja ser benquista profissionalmente, deve se cuidar, bem como, procurar se vestir melhor e adequadamente, não apenas para eventos familiares ou sociais, mas, também, profissionais, de forma a se adequar à ocasião, ao perfil do cliente e ao local.

Antes mesmo do primeiro encontro com seus clientes, seja no escritório ou em qualquer outro lugar, deve o advogado não só se preparar para transpassar o domínio do conhecimento necessário, em busca da satisfação dos seus interesses, mas, ainda, analisar previamente o perfil de cada um deles, com intuito de se alinhar em conformidade e viabilizar uma identificação mútua imediata, que muito provavelmente influenciará para o êxito da contratação.

Vale pontuar que o ideal é sempre priorizar nas escolhas, sobriedade, discrição, formalidade e elegância. Além do mais, aconselha-se a não usar roupas que tenham as mesmas cores dos uniformes dos presos.

Por exemplo, em Minas Gerais a cor predominante dos uniformes é o vermelho, portanto, é recomendado que se evite o uso de tal cor em visitas aos complexos prisionais do Estado.

Ainda, não se deve usar ou levar consigo nada que faça remissão à opção religiosa, partidos políticos, times de futebol, símbolos que confrontem as políticas internas do estabelecimento prisional ou que, porventura, possam ser considerados atentatórios aos detentos.

Quanto ao atendimento em delegacias, com base nas experiências vivenciadas, costuma-se afirmar que seja um dos lugares mais importantes para que o advogado(a) melhor se apresente. Um local ideal para uma digna apresentação, principalmente em acompanhamento de flagrantes.

O advogado deve buscar ser visto na ocasião, apresentavelmente falando, em pé de igualdade com autoridade máxima do recinto onde prestará atendimento; no caso anteriormente referido, com o Delegado de Polícia.

Isso é importante para que se estabeleça uma conexão de credibilidade entre cliente advogado e demais pessoas que estejam no ambiente.

Geralmente, esse tipo de atendimento será prestado ao cliente que se encontra naquele momento envolvido pelo sentimento de insegurança, de dor ao ter ali seu direito de liberdade ameaçado.

Então é no advogado, na impressão de confiança e credibilidade profissionalmente passada, que essa pessoa se apegará e, consequentemente, buscará certo alívio para suas aflições, ao acreditar que seus direitos serão resguardados e sua liberdade preservada ou restituída, a depender do caso.

- Vale lembrar que em Sessões de Julgamento dos Tribunais, em sustentações orais e Plenário do Tribunal do Júri, recomenda-se, além da formalidade social, o uso de beca.

A IMPORTÂNCIA DA PERCEPÇÃO DE UMA BOA IMAGEM

Indiscutivelmente, os efeitos gerados pelas vestimentas e acessórios que utilizamos influenciam diretamente na formação da nossa imagem perante a sociedade, ao passo que, será por meio dos referidos elementos que outras pessoas irão nos associar a uma categoria de estilo, dentre elas, a moderna, clássica e contemporânea ou considerar que não nos enquadramos em nenhuma delas.

Portanto escolhas básicas do dia a dia têm forte potencial influenciador na construção e consolidação da imagem e apresentação de uma pessoa socialmente, em especial, no seu campo profissional, ao considerar a relevância que possui a aparência e seus reflexos.

Igualmente, por algumas vezes, até a marca escolhida pelo profissional poderá ser considerada um diferencial atrativo de clientes, que a conhecem e imediatamente se identificarão com seu estilo.

Dessa forma, importante ficar a par de quais marcas seu público-alvo gosta de usar.

Eu, por exemplo, costumo usar como acessório relógios da marca Citizen, que, ainda que não sejam caros, são tidos no meu meio de atuação como uma peça bem-vista.

Tratar do assunto "aparência" chega a ser delicado, uma vez que, ao visualizar uma pessoa, de pronto, costumamos fazer um prejulgamento, que leva cerca de dois segundos para ser construído pelo cérebro.

E esse é o tempo que se tem, a princípio, para impactar positiva ou negativamente outras pessoas.

Então é importante que se trabalhe a ideia de que ao escolher suas vestes, sapatos, acessórios, a forma que se apresenta de modo geral, ainda que, inconscientemente, disporá de elementos que, de forma automática, serão percebidos e utilizados na criação da sua imagem pessoal, social e profissional.

O ideal é sempre adequar bem-estar à imagem profissional que almeja construir e transmitir, sem ter que se obrigar a ser o que não é. O que, possivelmente, faria mal e/ou geraria desconforto, bem como iria contra o recomendado, que tão somente se refere à coerência e cuidado para o alcance satisfatório do almejado.

Para fins de viabilizar uma melhor compreensão acerca da importância da aludida percepção colhida por meio da imagem transmitida, faça o seguinte exercício de imaginação:

Suponhamos que, em decorrência de um fato, você esteja incorrendo no risco de ter sua liberdade cerceada pelos órgãos estatais e que, portanto, precisará urgentemente de um advogado.

Um vizinho lhe indica um(a) advogado que dentro do prazo de 24 horas deverá tomar as providências necessárias com o intento de resolver a situação em questão e resguardar seu direito de liberdade.

Então você entra em contato e agenda uma reunião com caráter de urgência no escritório do advogado indicado.

Assim se dirige para o local e, ao chegar no endereço informado, o que se observa é uma via pública disforme, ladeada por prédios antigos e depredados, dentre eles, aquele onde se encontra instalado o escritório do advogado com quem irá se reunir.

Mas, ainda assim, você não desiste e se desloca até o andar da sala onde ocorrerá a reunião previamente agendada.

Ao chegar, a recepcionista lhe informa que o advogado está atrasado; oferece-lhe um café, disponibiliza um copinho de plástico para utilizar e avisa que provavelmente não estaria em temperatura desejável, posto que a garrafa esteja danificada. Não obstante, você aceita e constata que de fato o café está frio.

Conquanto segue ali sentado esperando, até que passa a observar as instalações, o ambiente e verifica que a estrutura de forma geral resta comprometida, com lâmpadas queimadas, além dos móveis velhos e danificados.

Seu nervosismo aumenta e, pretendendo se acalmar, pega umas revistas que estão ali para ler, mas desiste ao verificar que, além de desatualizadas, estão com páginas rasgadas e faltantes.

À vista disso, começa a ficar inquieto, olha para o relógio e percebe que agora se encontra com o tempo bem limitado para tentar encontrar e contatar algum outro profissional.

Após alguns minutos, chega o advogado todo simpático, que se desculpa pelo atraso e se justifica ao dizer que havia tido um problema mecânico e que, inclusive, tinha ocorrido pela quinta vez dentro de uma só semana.

Para somar aos outros fatores, o profissional referido se apresenta com vestes amarrotadas, relógio visivelmente falsificado e que, ao gesticular de maneira desastrosa, veio a soltar o pino, ocasionando abertura da pulseira e a queda dos demais componentes da peça ao chão.

Como se não fosse o bastante, você percebe ainda, durante a comunicação, que o advogado parece nervoso, não apresenta quaisquer sinais de firmeza em seu posicionamento acerca do caso, tampouco demonstra domínio técnico e/ou conhecimento suficiente que o levassem a acreditar que seus interesses estariam bem representados.

Logo, agora você se encontra sem muitas alternativas, com o seu direito de liberdade que tanto preza ameaçado, frente a um profissional que, devido às circunstâncias, não conseguiu lhe transmitir credibilidade e ainda com a responsabilidade de decidir se vai contratar seus serviços ou não.

Em face do exposto, restam-lhe apenas duas vertentes a serem analisadas, antes de fechar o contrato.

A primeira é a de tentar acreditar que pode ter feito uma interpretação equivocada, que talvez o advogado seja do tipo de pessoa desprendida de aparência e materialidades, defensor de uma vida baseada na filosofia minimalista, ao ponto de querer se convencer e dar um voto de confiança ao seu trabalho; afinal, trata-se da indicação do seu vizinho que, ao indicá-lo, classificou-o como um profissional exemplar.

A segunda é a de partir do pressuposto que o advogado que está prestes a constituir é fracassado profissionalmente, ao ponto de sequer conseguir alcançar o mínimo com exercício de suas atividades, o que, naturalmente, coloca em dúvida sua competência e o faz imaginar, desde já que, ao constitui-lo, estará mal representado.

Em ambas, a conclusão a que se chega é a mesma: ainda que contrate os serviços, a apresentação, a imagem e a impressão que foram passadas não lhe conferem a segurança necessária para que confie no trabalho que em seu favor será realizado e, muito menos, são favoráveis para que deste surjam outros contratos.

Então se o advogado não demonstra zelo, cuidado consigo, nem com seu ambiente de trabalho, a princípio, nada garantirá ao cliente que os terá com o seu caso.

A referida impressão também pode ser extraída de outras áreas profissionais, dentre elas, a de nutrição e educação física.

A título de exemplo, teríamos a situação em que uma pessoa, objetivando emagrecimento, procura por auxílio de profissionais das áreas supracitadas e é atendida por pessoas que se encontram muito acima do peso. Pouco provável será a transmissão de credibilidade para o alcance do resultado pretendido.

Isso posto, pertinente se faz a seguinte indagação:

- **O quão considera importante agora a percepção da imagem que gera em seus clientes?**

Se até aqui não tinha ainda se convencido de que a construção e consolidação de uma boa imagem profissional é valorosíssima, o que se espera é que nesse momento isso tenha ocorrido.

Em resumo, tudo que envolva apresentação, seja aparência, ambiente laboral e/ou condutas servirão de parâmetros para a formação não só da sua imagem profissional, mas, ainda, de opiniões dos seus clientes acerca de seu trabalho de modo geral, inclusive, no que diz respeito ao seu nível de comprometimento e competência.

Por isso, fez-se necessária toda essa elucidação apresentada, de modo a colocar você profissional do outro lado, no lugar do cliente e fazer com que possa perceber que conjunturas desfavoráveis influenciam de forma direta na confiança e segurança necessárias para contratação de serviços, em especial, advocatícios que, por sua vez, lidam com direitos de pessoas.

4. A RELEVÂNCIA DE SER RECONHECIDO COMO AUTORIDADE

Mormente, deve-se sublinhar que o advogado criminalista após construir uma imagem profissional positiva, ainda deve trabalhar constantemente com anseio de ser sempre reconhecido como autoridade e referência no mercado criminal. Tal condição fará com que alcance uma maior visibilidade, elemento que consiste na base da pirâmide da prospecção de clientes do método Quéops e que repercute de forma direta nos demais, ao ter potencial para gerar mais clientes e resultados.

Como consegui ser reconhecido como autoridade na área?

Dir-se-ia que a transmissão da ideia de que um profissional é autoridade no seu campo de atuação ocorre no dia a dia, seja pela forma como se apresenta, se posiciona, presta seus serviços e até mesmo dos seus resultados, considerando que, se positivos, as pessoas passarão a reconhecer excelência no que ele faz.

Como ilustração, e assim foi comigo, à medida que associei conhecimento e aparência, reitero, dois aliados inseparáveis: passei a me expor mais no exercício das minhas atividades, a criar e compartilhar conteúdos relacionados à atuação na advocacia criminal, desmistificar a prática nas redes sociais, bem como, apresentar resultados, o reconhecimento como autoridade surgiu e foi sendo transpassado de uma pessoa para outra, entre estudantes, advogados e clientes.

Além disso, a construção da ideia de autoridade está muito relacionada ao atendimento prestado pessoalmente e, que por sinal, deverá ser sempre feito com extrema qualidade, de modo que seu cliente assim passe a reconhecê-lo e, ao ficar satisfeito, indique-o a outros, em eventual necessidade.

É preciso elucidar que, para alcance do status de autoridade, o profissional deve buscar especializar-se ao máximo em sua prestação de serviços, o que vai desde a escolha da área, do público-alvo, até a limitação de atuação dentro de alguns dos seus segmentos, já que não é possível ser excelente em tudo.

Sucintamente, ao se valer da associação infalível entre conhecimento técnico, prático e boa aparência, especializar-se e apresentar resultados, mais próximo estará de ser reconhecida uma autoridade no seu ramo de atuação.

5. CORAGEM

Como dizia Sobral Pinto: "A advocacia não é profissão para covardes".
Principalmente o advogado criminalista deve ter coragem para o bom desempenho das suas atividades, pautado na legalidade, visando sempre lutar pelos direitos e garantias dos seus clientes, sem imprimir inseguranças internas e/ou medos.

Vivemos em uma sociedade em que a oferta tem sido maior que a procura, ou seja, há milhares de profissionais no mercado da advocacia, inúmeras opções de escolhas para os clientes, inclusive, muitas delas com disponibilização de serviços por preços ínfimos, o que, por consequência, tem contribuído para depreciação da atividade.

Assim autoconfiança somada a conhecimento são atributos diferenciadores para contratação e alcance do tão importante reconhecimento do advogado como autoridade.

Além de que o nosso cérebro atua de forma a fazer descartes o tempo todo, portanto, impossível armazenar todo conhecimento adquirido ao longo da carreira profissional, tampouco, transpassar tudo que se sabe. Mas é possível demonstrar autoconfiança e coragem para o fiel cumprimento dos interesses dos clientes, sendo esse um ativo crucial para sua carreira.

Observa-se que os sentimentos sobreditos são inalienáveis, personalíssimos e perceptível por terceiros.

Logo, se ainda não se criou uma imagem que transmita coragem e autoconfiança, deve-se preocupar em criá-la ou enfrentará incontáveis problemas na carreira, tal como terá comprometido o atingimento de uma boa reputação profissional.

Em outras palavras, far-se-á necessário que o advogado represente na mente dos seus possíveis clientes uma imagem que remeta firmeza e segurança ou se verá perdido junto a tantos outros profissionais neste enorme mercado.

Cumpre evidenciar que, a partir do momento em que o cliente entra em contato com um advogado e ao confiar no seu trabalho, assina uma procuração lhe conferindo poderes para representá-lo, em suas mãos estarão entregues os direitos mais importantes da vida, dentre eles, o de liberdade.

Ante isso, considera-se dever do advogado retribuir o voto de confiança recebido, por meio da manifestação de vontade, autoconfiança e, consequentemente, de coragem para resguardar os interesses e direitos de seus clientes.

Deve o advogado, ainda, deixar em outro plano a vaidade ou a busca por interesses pessoais, posto que sua prioridade será prestar o melhor atendimento ao seu cliente e o convencer de que trabalhará com afinco no seu caso.

Importante também frisar que o advogado jamais pode demonstrar medo do cliente, fracassos profissionais e/ou dependência financeira.

Além disso, não deve o advogado que se preze – em hipótese alguma – demonstrar ao cliente que depende única e exclusivamente dos honorários que dele perceberá e, sim, o oposto, ao expor um estilo de vida desejável, independência financeira, uma ampla cartela de clientes, e deixar claro que, caso não aceite suas condições e regras, além dele, haverá outros interessados em contratar os seus serviços.

Ainda, deverá demonstrar autonomia, impor-se e não aceitar que seus clientes ditem as regras no processo, uma vez que não incumbe a eles tal competência.

Lembrando que são os clientes que conferem reconhecimento de autoridade ao advogado e não o contrário.

Acrescenta-se que a recomendação para que de modo algum não demonstre insegurança e, sim, exprima coragem, deve ser aplicada não somente perante os clientes, mas, ainda, frente às autoridades competentes dos mais diversos recintos de atuação, conforme seguem alguns deles:

- Cena do crime;
- Periferias;
- Lugares ermos;
- Delegacias;
- Presídios;
- Hospitais;
- IML;
- Fórum;
- Secretarias;

- Salas de audiências;
- Plenário do júri;
- Tribunais.

Após isso, já mencionamos os locais em que o advogado deve expor coragem no exercício de suas atividades. Agora, serão citadas algumas das autoridades, em relação as quais o advogado não deve ter ou demonstrar temer, mas buscar que haja respeito mútuo, são elas:

- Autoridades policiais;
- Autoridades judiciais;
- Representantes do MP;
- Magistrados;
- Serventuários;
- Desembargadores;
- Ministros.

Poderíamos ainda relacionar a coragem que deve ter um advogado criminalista à que deve ter um lutador de boxe, ao considerar que o lutador deve investir conhecimento, pretendendo aprender noções e técnicas que versem sobre a arte de lutar, além de ter que investir na sua aparência e condicionamento físico, de forma a se impor defronte a seus adversários e ser reconhecido como autoridade no seu meio profissional.

No entanto só isso não será suficiente, já que além do supratranscrito, o lutador, ao entrar no ringue de luta, ainda precisará de muita coragem para fazer valer toda a sua técnica, esforços e condicionamento.

E o mesmo entendimento deverá ser aplicado ao criminalista, que investe em conhecimento teórico, na aparência para formação de uma boa imagem profissional e reconhecimento como autoridade no campo em que exerce suas atividades, mas, que, sobretudo, deve ser corajosa, autoconfiante e criativa para consolidação de um status de excelência.

6. MARKETING DIGITAL
(PERFIL CRIMINALISTA NO INSTAGRAM)

O tão falado *marketing* digital atual nada mais é do que o *marketing* que sempre existiu, só que agora realizado por meio de plataformas virtuais muito mais eficazes, como o Instagram, que viabilizam um maior alcance de pessoas e de visibilidade em fração de segundos.

Nada mais é que a utilização de mecanismos nos meios adequados para atingir um público-alvo e apresentar-lhe sua marca, seu trabalho e qualificações no meio virtual, por meio da imagem, fala e legendas autorais.

Hoje, considero que o *marketing* digital na minha trajetória foi a chave perfeita para que um novo horizonte me fosse aberto dentro do mercado da advocacia.

Contudo, quando comecei a utilizá-lo, mais precisamente, em abril do ano de 2012, logo quando o Instagram chegou ao Brasil, não tinha objetivo de fama ou de alcance de grande visibilidade. Até porque os próprios recursos eram limitados e sequer indicavam que tal ferramenta se tornaria a maior vitrine profissional que hoje se pode ter.

Então o que fiz à época foi apostar numa recém-chegada rede social para compartilhar minha rotina profissional, ao fazer e publicar registros fotográficos nos recintos em que realizava as diligências judiciais e administrativas.

Inclusive, naquele tempo, não existiam tantos mecanismos disponíveis, era possível apenas compartilhar fotos com legenda no "*feed*".

Dessa maneira, minhas primeiras postagens foram despretensiosas, já que queria tão somente compartilhar o trabalho de que tenho tanto orgulho de fazer com os poucos seguidores que tinha, sem imaginar que era um dos primeiros precursores brasileiros em termos de postagens jurídicas no Instagram.

Com isso, também me tornei alvo de muitas críticas, algumas até humilhantes, ao ter fotos minhas compartilhadas em grupos no WhatsApp de todo Brasil e ser intitulado como advogado de Instagram.

Mas agora vejo que, absolutamente, tudo contribuiu para que eu me tornasse o profissional que sou hoje que, de subestimado, passou a ser considerado referência para tantos outros dentro da advocacia, de modo geral.

E com a chegada da pandemia do coronavírus, no início de 2020 – oito anos depois – é que tive ainda mais certeza de que havia feito a aposta certa, posto que, devido à obrigatoriedade de afastamento social e *lockdown* para controle da propagação, não restaram alternativas aos profissionais e autoridades do judiciário.

Praticamente todos tiveram que migrar o vínculo social e profissional para o virtual e as conexões passaram a ser estabelecidas por meio das redes sociais, em especial, Instagram.

Assim o próprio aplicativo teve que se adequar à grande demanda de pessoas que passaram a aderir a ele, inclusive, como ferramenta de trabalho, o que criou uma exigência ainda maior para que novos recursos fossem desenvolvidos e os já existentes, aperfeiçoados.

No começo, tinha-se apenas disponível o recurso de publicação de fotos com legendas no *feed*, como já mencionado, atualmente, dentre os mecanismos estão as entradas ao vivo, os *stories* com exibição por 24 horas, IGTV – transmissão de vídeos longos (duração de até uma hora) e o *reels*, que permite gravar e editar vídeos e músicas.

Ainda que sem saber, fiz certo ao utilizar o Instagram desde que ficou disponível no Brasil, pois, tempos depois, surgia-se a necessidade de dominar a ferramenta, e tal domínio já tinha. Portanto, nesse caso, me coube apenas acompanhar as atualizações e criar conteúdos por meio dos novos mecanismos disponibilizados.

Atualmente, sem sombra de dúvidas, a ferramenta mais poderosa no mundo para auxílio na construção de uma marca é o Instagram.

Por isso, é indispensável que todo e qualquer advogado tenha um perfil profissional no Instagram, para produção de *marketing* digital, apresentação e interação, em especial, o criminalista, já que os clientes, em sua grande maioria, buscarão referência ou ficarão conhecendo o seu trabalho por meio dessa ferramenta.

E mais, da mesma forma que o advogado precisa conhecer e se valer de estratégias processuais, deve se inteirar acerca das digitais, por serem elas que ditam as regras atuais do mercado e só estão em evidência, em destaque, aqueles que as dominam.

O profissional que pretende ser autoridade no meio digital deverá ter uma marca, uma identidade virtual criada – seja ele iniciante ou veterano – com o fito de permitir que seu público-alvo ao ser atingido se identifique com ele e, para que em decorrência disso, haja conexão, engajamento e, por conseguinte, prospecção por meio da rede social.

Ressalta-se, nesse ponto ainda, a importância de sempre mostrar o rosto ao publicar algum registro no desempenho de atividades ou conteúdo que seja de interesse do público-alvo, colocando sempre em evidência sua postura e imagem profissional, no exercício da advocacia criminal, para que as pessoas as fixem e as associem aos casos que, porventura, surgirem no seu âmbito de atuação.

É preciso reconhecer que a atualidade requer advocacia moderna com publicações diárias de conteúdo inovadores, atraentes e construtivos, devendo ser essa a ideia a ser trabalhada e colocada em prática todos os dias, até que isso se torne automático, como, por exemplo, acordar e escovar os dentes pela manhã.

Estamos na era da tecnologia e da informatização, não há mais como escapar dela; portanto, é ônus dos profissionais que objetivam alcançar o sucesso adequarem-se a ela, inovar e apresentar diferencial em relação aos demais, que ainda estão presos à velha advocacia.

"Não é fácil crescer no Instagram, mas é simples".

Basta apostar!

Considero que criar uma identidade virtual não seja uma tarefa tão complexa, vez que, ao criá-la, o profissional deverá se valer do simples e objetivo, conduzir da forma mais natural possível, demonstrar a própria personalidade, apresentar a mesma aparência da vida real, os mesmos posicionamentos e condutas condizentes com o exposto virtualmente.

Após criado o referido perfil, com nome, sobrenome, imagem do rosto, apresentação pessoal, compartilhamento de rotina, automaticamente, o supracitado passará a ser identificado como um ser sociável, competente, que se comunica com outros, aberto a ampliar sua rede de contato, criar laços interativos e contribuir.

Quanto ao conteúdo, o ideal será sempre aquele atraente para o público-alvo: se, por exemplo, esse reage melhor a postagens relacionadas a carro, o recomendado é para que se façam registros frequentes nesse sentido.

Mas, se ainda não tem a noção do que possa ser mais interessante, tente se imaginar como seu seguidor e compartilhe o que gostaria de ver.

Feito isso, observe como esse conteúdo é recebido: o que for mais correspondido, melhor for aceito, é nesse que deverá focar para atrair ainda mais pessoas, aumentar a interação e, consequentemente, prospectar clientes.

Dica: você que ambiciona ser reconhecido como criminalista, não deve ter receio de críticas, mas apenas se preocupar em potencializar sua coragem para mostrar o que de melhor tem a oferecer para quem importa, seus clientes.

Na eventualidade de críticas, não se deve desanimar, mas, ignorar e, em caso de insistência, apenas bloquear. Salvo, se tratar de uma crítica construtiva de alguém que esteja num outro patamar e que mereça atenção e consideração, vez que poderá agregar algo positivo em sua trajetória.

Sugere-se que inicie sem "pular" etapas, seguindo 100% as orientações passadas por quem tem autonomia para tratar do assunto.

O nosso compromisso com você aqui é o de passar orientações práticas para que tenha um engajamento melhor, com objetivo de prospectar novos clientes na advocacia criminal e lograr êxito nos seus resultados.

Vamos juntos?

7. DA REGRA 90 – 10: A REGRA MAIS IMPORTANTE

Em primeiro lugar, para que um perfil tenha forte potencial de engajamento, capaz de prospectar clientes, não é necessário seguir um padrão técnico de postagem, por exemplo, ter um *feed* organizado, com paleta de cores predefinidas ou se limitar apenas a uma esfera da vida.

Pelo contrário, considera-se perfeito para isso, um perfil híbrido, com postagens relacionadas a conteúdos diversificados e que abarque vários aspectos, ou seja, pessoal, social, profissional, além da apresentação de *lifestyle*.

Muitas vezes, o ponto chave da questão está na demonstração da própria realidade, no fato de não ser visto como uma máquina ou alguém distante, mas como um ser humano que, apesar de capacitado para influenciar e prestar algum tipo de contribuição na vida de outras pessoas, não deixa de ter uma, também composta por sentimentos, relações, desafios, conquistas e superações.

Trata-se do famoso dito: "gente como a gente", que por si só, gera inspiração, proximidade e identificação entre pessoas.

Entretanto o advogado que pretende ser reconhecido como excelência em sua área de atuação e servir – inclusive de parâmetro para outros – não deve tentar vender como produto os resultados do seu trabalho, até porque, são de sua titularidade; deve se colocar à disposição para mostrar o caminho que transcorreu para chegar de forma exitosa até eles.

É o que tenho feito aqui e na vida, ao dar dicas práticas de como alcancei domínio na área.

Importante enfatizar que teoria pertence à graduação, a cursos de especialização e afins, ao passo que ensinar Direito em rede social não proporciona a um advogado visibilidade profissional perante seus clientes e/ou outros profissionais.

Por isso, o importante é mostrar a rotina diária, o real exercício do ofício, especialmente, realização de diligências profissionais como já tratado, para, assim, ganhar a confiança de todos que o acompanham.

Oportunamente, vale esclarecer que a regra 90 – 10 se trata da ideal divisão do conteúdo, que basicamente deve seguir às seguintes proporções: 90% de *mindset*, ou seja, relacionados à motivação, propósito, solução e emoção; e apenas 10% de técnicas teóricas que, por sua vez, estão vinculadas à formalidade padrão.

De nada adianta um profissional contratar uma empresa de *marketing* para impulsionar seu crescimento virtual, caso seus conteúdos sejam apenas técnicos e engessados.

Engajamento depende de desempenho orgânico, sem preocupações com padrões preestabelecidos ou perfeccionismo.

Pessoas são atraídas, a todo momento, pelo prático e real; portanto, invista energia nisso, no que realmente importa. Tenha constância, criatividade e consistência para o alcance e manutenção do pretendido.

8. ARQUÉTIPO

Arquétipo nada mais é que uma forma de exteriorização de padrões comportamentais pertencentes a um ser ou à função social.

São, simplesmente, representações dos atributos pessoais enraizados no inconsciente coletivo e que toda pessoa possui, ainda que não se dê conta disso.

Os arquétipos exercem uma enorme influência sobre nossas emoções e ações bem como sobre a percepção que outras pessoas extraem dessas ou de quem somos.

Sendo assim, o arquétipo fará com que o cliente, ainda que de maneira inconsciente, identifique-se com a sua maneira de se expressar, portar e ser, o que o levará a contratá-lo para representar seus interesses como se próprios fossem.

O poder do arquétipo está ligado à nossa conexão com nossas origens, histórias, condutas, tal como com os bons resultados percebidos na advocacia.

Uma pessoa que não construa uma boa história de vida, torna-se somente "mais uma", não consegue imprimir mensagem de relevância sobre seus comportamentos ou uma imagem de referência para que outras com ela se identifiquem.

Então simplesmente existe e se perde no meio daquilo que é comum e pouco interessante aos olhos dos outros e, por isso, passa despercebida.

Portanto todos os seres humanos precisam das histórias para darem sentido à sua vida, porém não é qualquer tipo de história que consegue causar impacto, tampouco pode ser qualquer tipo de arquétipo exteriorizado por meio de imagens, textos, símbolos, sons e comportamentos.

Nesse sentido, o advogado deve se empenhar para que as pessoas conheçam sua trajetória, suas origens, seu processo de evolução, enquanto profissional e pessoa. Bem como suas reais experiências vivenciadas no âmbito de atuação, o que envolve êxito, mas, também, dificuldades que contribuíram para que se tornasse melhor.

Desse modo, o cliente passará a vê-lo como alguém experiente e capaz de resguardar seus interesses e solucionar seus problemas que, no campo da esfera criminal, normalmente estão relacionados à restrição de liberdade.

Não se pode deixar de mencionar a neuroassociação, que é o modo de associação realizada mentalmente entre aquilo que é externo e interno, o emocional.

Isso ocorre ao se comunicar com pessoas, já que se exterioriza algo com a comunicação e o receptor(a), mesmo sem o perceber linka o exteriorizado ao arquétipo.

Na advocacia criminal, é muito comum exteriorizar essa prática com intuito de demonstrar o desejo de exercer o poder, o controle das situações que surgem, administrando, com sabedoria, o próprio escritório e priorizando sempre a melhor solução e satisfação dos interesses daqueles que no seu profissionalismo confiam.

Vale acrescentar que, para exercer o arquétipo compatível com a advocacia criminal, é preciso que haja comando, articulação e refinamento em todas as suas falas e ações de forma a expressar imagem de sucesso, poder, status e resultados; nunca de fraqueza, insegurança e insignificância.

A sugestão é para que se apresente sempre como um profissional que age com autonomia, carisma, segurança e capacidade para mudar situações, construir ideias, mobilizar e motivar pessoas.

Deve-se ainda, buscar melhores resultados, bem como, a manutenção do status e reconhecimento de liderança.

No entanto adianta-se que tal alcance não ocorre "da noite para o dia", depende de muita dedicação, persistência, organização, coragem, transparência, conquista de credibilidade, respeito e prestígio de autoridade.

E mais: deverá dedicar-se para não ser derrotado, destituído e/ou perder a sua credibilidade com seu arquétipo e trabalho alcançados.

9. CRIAÇÃO DE CONTEÚDO DE QUALIDADE

O advogado ainda precisa criar diariamente conteúdos de qualidade e diversificados, como fazem as emissoras de canais de televisão aberta, com objetivo de engajar e de se aproximar do seu público.

Por exemplo, uma emissora de televisão de canal aberto não tem apenas conteúdo informativo, mas, também, de entretenimento. Assim também deve fazer o advogado, mesclar seu conteúdo, de modo que este se torne leve e atrativo.

Vale dizer que conteúdos postados no *feed* são considerados apropriados para conquistar pessoas que, na maioria das vezes, ainda não conhecem o usuário daquele perfil e que, por meio desse espaço, farão uma rápida análise sobre esse.

Ainda, reputa-se fundamental priorizar a qualidade dos conteúdos produzidos e não a quantidade, posto que de nada vale um "*feed*" com muitas publicações, se os conteúdos forem insignificantes, repetitivos ou cansativos.

Considera-se importante também, estabelecer uma comunicação por meio de perguntas, visando conhecer mais seu público, identificar qual o tipo de publicação é mais bem recepcionado, que forma de publicação preferem, e, até mesmo, verificar se o conteúdo está sendo efetivamente entregue.

Entretanto vale enfatizar que, atualmente, são tidos como favoritos pelas pessoas, aqueles *posts* de conteúdos mais leves, que versem sobre entretenimento, conquistas pessoais, relacionamentos e motivação. Ou seja, os que fazem parte da realidade de cada um, que geram interesse, conexão e que não são vinculados a respostas "prontas", decorrentes de pesquisas realizadas no Google.

Por isso, reitera-se a importância de alternar os conteúdos entre profissional, social e pessoal, pois, a princípio, é desse primeiro contato que a tão falada primeira impressão será extraída.

É de suma relevância que o profissional seja sempre carismático e criativo, para assim, gerar nas pessoas uma expectativa de que o melhor sempre está por vir, e, consequentemente, passem a se interessar pelo que se oferece e queiram o acompanhar constantemente.

Para isso, as suas publicações não podem ser agressivas ou radicais. O mais indicado é que não se criem conteúdos que incitem discursos de ódio, medo, insegurança, inveja, polêmica ou discriminação.

Para fins exemplificativos, sugere-se, nesse ponto, a seguinte reflexão:

A maioria das pessoas sabe que refrigerante não faz bem para a saúde, conforme já comprovado por algumas pesquisas científicas; no entanto, todos os comerciais de marcas famosas do referido produto transmitem uma sensação de bem-estar, como se saudável o fosse e bem fizesse ao conferir alegria e reunir pessoas.

Tal ideia deve ser repassada também para a advocacia criminal. Ou seja, mesmo que o advogado criminalista atue em prol dos direitos de um suposto criminoso, em casos em que o objeto seja a prática de crimes que envolvem violência, grave ameaça, mercancia de entorpecentes, homicídios, dentre outros, deve o conteúdo transmitir uma ideia de legalidade, dignidade humana e justiça, sem que se permita oportunidade para que sejam criadas associações indevidas ou discussões valorativas.

Vale lembrar que todo conteúdo exposto nesse canal aberto poderá ser salvo, guardado e, a depender do caso, até mesmo, utilizado contra aquele responsável pela sua publicação e repercussão.

Recomenda-se cuidado, principalmente com vídeos que mostrem o rosto, que, por sua vez, são poderosíssimos, ideais na busca de autoridade e alcance da prospecção de clientes, mas que, se mal utilizados, podem ser na mesma proporção prejudiciais.

Assim sendo, a ideia de se posicionar não deixa de ser valorosa, mas há que ser feita de forma cuidadosa, com a máxima preservação do respeito mútuo indispensável entre pessoas ao se relacionarem, seja de forma social ou profissional.

A BASE PARA A CRIAÇÃO DE CONTEÚDO

Ao criar conteúdos, deve-se ter em mente três objetivos: conectar, informar e entreter.

Esses são os três objetivos básicos implícitos a toda criação e que serão responsáveis pelo alcance de engajamento do respectivo perfil.

Entretanto observa-se que o principal deles será o de conexão com outras pessoas, já que, sem ele, os demais se tornarão inalcançáveis. Ou seja, se o perfil não gera conexão com outras pessoas, não se obtém qualquer resultado.

Perfil cujo objetivo principal seja o da venda de produtos e serviços não engaja, pois, ainda que a pessoa tenha interesse em adquiri-los, antes de qualquer tipo de negócio, deve haver uma conexão, identificação e reconhecimento de referência para efetivação.

Assim é necessário que se tenha uma troca positiva entre quem disponibiliza e quem tem interesse no que é disponibilizado, o que influenciará diretamente para o atingimento de um resultado exitoso ou não.

Quanto ao entretenimento, trata-se de um bom aliado para fins de tornar o conteúdo mais leve, criar interação, distração e, até mesmo, servir como uma "válvula de escape" daquilo que já é cotidiano.

Sendo assim, reputa-se como muito relevante ainda a realização de publicações que versem sobre conteúdos também descontraídos, para que outras pessoas se sintam bem, atraídas pelo seu perfil, ao ponto de quererem indicá-lo para outras, o que, automaticamente, fará com que seja cada vez mais conhecido.

As redes sociais, principalmente o Instagram, com todas as suas ferramentas, tem substituído os canais de televisão e, portanto, quando a pessoa deixa de assistir a um programa televisivo para estar no seu perfil, é como se o elegesse como o canal favorito dela, razão pela qual passará a existir o ônus de retribuí-la com a criação de bons conteúdos.

Além disso, tempo é corretamente associado a dinheiro; logo, se a pessoa estiver disponibilizando uma fração do dia dela para acompanhar seu perfil, o mínimo de retribuição será um bom conteúdo para a convencer de que não perde, muito pelo contrário, ganha ao acompanhá-lo.

Ao considerar isso, sem sombra de dúvida, a referenciada pessoa irá voltar frequentemente ao seu perfil, compartilhá-lo com várias outras pessoas, contribuir com o aumento da sua visibilidade e gerar mais conexões e engajamento.

E, ainda, será preciso postar conteúdo informativo, instrutivo para que seu público-alvo esteja sempre atualizado.

Importante reiterar que tais informações deverão ser passadas preferencialmente por vídeo, por meio de imagem e fala, que transmitirão carisma, autonomia, domínio, criatividade, persuasão, inteligência, amor pelo que faz, dentre outros atributos, que o diferenciarão dos demais.

Sempre que possível, exponha sentimentos, paixão pelo ofício, posto que, pessoas se conectam com outras, por meio do que sentem também, ainda que virtualmente.

Importante, ainda, fazer uma breve apresentação da vida profissional na bio, ou seja, naquele campo de descrição, abaixo da foto de perfil, para que o vejam desde a primeira visualização como advogado, o que de antemão poderá gerar possíveis laços de respeito, admiração e confiança.

Por último, vale lembrar que razão sem emoção não conecta, emoção sem razão também não gera autoridade.

Por isso, jamais se pode esquecer de que o conteúdo deve servir, primeiramente, para conectar pessoas, se possível com emoção, para, depois de gerado, o laço de afinidade atribuir, de forma natural, razão ao que se propõe.

Memorize: a melhor escolha sempre será a do caminho mais leve, conexão.

Pessoas que buscam exclusivamente por informação, valem-se de outros meios, como, por exemplo, Google e Wikipédia.

LINHA EDITORIAL

Cabe ressaltar que, ao começar produzir conteúdo e realizar publicações, a fim de prospectar clientes no âmbito da advocacia criminal, já se deverá ter em mente que o receptor do que foi criado é quem será o protagonista.

Desse modo, já deve criá-lo com a ideia de impactar positivamente quem irá recebê-lo, ao acompanhar seu perfil, figura principal de todo o cenário que, ao ser motivada, exercerá o importante papel de transferir para outras pessoas a motivação recebida, por meio da publicação realizada, em formato de vídeo ou de imagem acompanhada de legenda de mérito.

Por exemplo, quando alguém é aprovado no Exame da OAB, ao postar uma foto com a tão sonhada carteirinha na mão, irá, por meio de algumas palavras, resumir o caminho traçado para o alcance daquela conquista e resultado. O mesmo deve ser feito pelo advogado em suas publicações, principalmente, ao atingir êxito no que se propõe, inclusive, para motivar pessoas.

Ainda, devem-se realizar postagens frequentes, para que os seguidores não fiquem perdidos ou desatentos com seus conteúdos.

Por isso, é importante manter uma quantidade de publicações diárias, bem como estabelecer os mesmos horários.

Relembrando que seu perfil é equiparado a um canal de televisão que segue a mesma programação diária com informações diferentes.

Além disso, deve-se manter a linha escolhida, ou seja, se criou um perfil com a intenção de se apresentar como advogado criminalista, a maioria dos conteúdos deverão ser de cunho jurídico, ainda que alternados, com momentos sociais e pessoais para tornar melhor a conexão. No entanto sempre de modo a priorizar a manutenção do que é principal.

Ao fazer assim, deixará o perfil coerente e atrativo para o seu seguidor e para outros que dele advierem.

Além do mais, recomenda-se que nunca faça postagens aleatórias que não gerem conexão com o público-alvo, por ser o mais importante dos objetivos, conforme já demonstrado em momento antecedente.

Mas o que gera conexão?

A alternância entre conteúdos informativos e de entretenimento, por meio dos mecanismos hoje disponíveis e que têm sido bem-aceitos, dentre eles, *stories*, *reels*, IGTV e TikTok.

Torna-se ideal a seguinte divisão: 50% de postagens que geram conexão com outras pessoas, 40% voltadas para entretenimento e 10% sobre informações jurídicas, envolvendo a advocacia, de forma geral.

Vale dizer que o advogado criminalista, ao criar seu perfil, de imediato, deverá priorizar o ganho de mais visibilidade que será, por seu turno, alcançada por meio de publicações que geram maior conexão com os outros seguidores, para depois de atingido tal objetivo, valer-se de conteúdo informativo, para o ganho de autoridade.

Calendário editorial

Reputa-se ainda importante que todo advogado criminalista elabore um calendário editorial de postagens, ou seja, já deixe predefinido o que será publicado em cada dia, para o alcance de uma melhor conexão com seus seguidores. Lembrando que os conteúdos deverão ser sempre alternados entre *lifestyle*, de caráter profissional e informativo.

Quanto à periodicidade de informação, recomenda-se que seja postado uma vez a cada semana, a menos que surja um caso relevante ou midiático, situações em que, pela própria natureza, costumam exigir um posicionamento imediato do advogado atuante no caso acerca do tema.

Considera-se ideal que o calendário editorial seja elaborado aos domingos, para que as postagens iniciem sempre na segunda-feira e com observância às proporções já indicadas.

O QUE NÃO FAZER NO SEU PERFIL NO INSTAGRAM?

Primeiramente, não é recomendável colocar foto de perfil com a logo do escritório, símbolos, escudos, desenhos, caricaturas, com exposição do corpo, de boné, na companhia de outra pessoa ou com quaisquer outros detalhes que destaquem mais que a própria imagem do rosto do usuário, que servirá não só como instrumento de identificação, mas, ainda, de conexão.

Além disso, o advogado criminalista não deve participar de promoções, seguir perfis e, em seguida, deixar de segui-los ou ser patrocinador em sorteios, almejando ganhar seguidores, haja vista que esses poderão ser perfis "*fakes*", ou seja, falsos; logo, não gerarão nenhum tipo de retorno positivo. Pelo contrário, poderão acarretar a diminuição de audiência e engajamento, bem como, prejudicar a manutenção ou alcance da condição de autoridade que se busca.

Além disso, não deve o profissional da área criar grupo de engajamento, implorar ou até mesmo pagar para que outras pessoas fiquem curtindo e/ou comentando suas postagens, já que o próprio algoritmo do Instagram, ao verificar que são sempre as mesmas pessoas que estão curtindo e comentando as publicações, deixará de entregar o conteúdo para seus seguidores e, por conseguinte, para o público-alvo, que provavelmente seriam os futuros clientes.

Recomenda-se ainda que não seja criada lista de transmissão automática ou insistentemente realizado o envio de publicações para outras pessoas, que poderão se sentir incomodadas, ao ponto de denunciarem o perfil como se *spam* fosse.

E, ainda, que sejam evitadas postagens no *feed* com conteúdo de outros perfis, "*prints*", cópias daquilo que já foi postado por outrem e quando o fizer, que se cite o autor, além de acrescentar o próprio posicionamento a respeito do tema.

IMPRESSÕES DO FEED

Em primeiro lugar, vale dizer que, o advogado deve sempre vincular rosto, aparência e fala aos conteúdos compartilhados e não apenas realizar publicações com textos, notícias e informativos, já que esses são tidos, pela maioria, como exaustivos, portanto, desinteressantes e incapazes de gerar conexão e engajamento.

Importante também observar que não é bom para um perfil, em especial, de um advogado criminalista, ter menos seguidores que o seguem, vez que constatações do tipo criam uma impressão de falta de credibilidade.

O mesmo acontece para o número de publicações, que não deve ser maior do que o de seguidores, mas proporcional.

ENGAJAMENTO COM O PÚBLICO: TRÁFEGO ORGÂNICO

Inicialmente, deve-se enfatizar que uma publicação normalmente tem capacidade de atingir em média 10% dos seguidores de um perfil.

Sendo assim, para que mais pessoas recebam os conteúdos, far-se-á necessário tornar maior também o índice de engajamento que, por seu turno, decorrerá da troca, da conexão estabelecida entre o usuário e seus seguidores.

Ainda, será possível aumentar o referido percentual, por meio da criação e disponibilização de *hashtags* nas publicações e "bio", com palavras-chave vinculadas ao âmbito de atuação e serviços prestados.

Assim, quando pessoas interessadas pesquisarem, por exemplo, por aquele tipo de contratação, o próprio sistema, de pronto, fará a ligação entre essas pessoas e a sua publicação que menciona o assunto destacado pela *hashtag*.

As *hashtags* aumentam a visibilidade e fazem com que a publicação apareça para mais pessoas, por isso, válido o uso, bem como a criatividade ao criá-las, já que são tidas também como um bom mecanismo para o alcance de mais perfis e, consequentemente, para a prospecção de novos clientes.

Julga-se relevante, ainda, mencionar nas publicações perfis de pessoas relacionadas com o meio do público-alvo que almeja atingir, para que, por meio destes, o seu também possa ser visto.

Importante, inclusive, ao publicar, sempre adicionar localização, principalmente, dos prédios onde estão localizados os órgãos públicos do poder judiciário, delegacias, presídios e, até mesmo, de determinados bairros que, porventura, possuam uma demanda maior do tipo de serviço que oferecem.

Sem contar que quanto mais localizações vinculadas à atuação um profissional apresentar, mais autoridade e influência ele demonstrará ter, já que isso indica que atua em diversos locais, possivelmente em prol de um número considerável de clientes, o que lhe remeterá naturalmente à ideia de reconhecimento e competência, atributos totalmente positivos e favoráveis para quem quer ser referência.

Estratégia completa de hashtags

O mecanismo *hashtag*, basicamente, tem o condão de entregar os conteúdos criados vinculados a determinados assuntos, para pessoas que pesquisam por estes, por meio de palavras-chave.

Então o advogado criminalista, por exemplo, ao criar suas *hashtags*, deverá escolher palavras estratégicas vinculadas à sua atuação, com o fito de ser facilmente encontrado por quem procura pela prestação de serviços advocatícios no âmbito criminal.

Vale frisar que não é recomendado, de forma alguma, o uso de *hashtags* genéricas, como por exemplo, #iPhone, #covid, #sextou; bem como, daquelas banidas pelas políticas do Instagram, com conotação sexual, de incitação à violência, propagação de *fake news*, dentre outras.

Ademais, não é interessante utilizar *hashtags* comuns, citadas em milhares de publicações, visto que estas têm visibilidade de curta duração, justamente pelo fato de serem mencionadas por várias pessoas ao mesmo tempo, o que faz com que as publicações desapareçam rapidamente dentre as inúmeras outras que serão igualmente realizadas.

O ideal é que sejam utilizadas *hashtags* que tenham sido citadas em no mínimo 50 mil publicações e no máximo 800 mil, para que haja um maior tempo de visibilidade entre as mais recentes.

Categorias de *Hashtags*

Neste ponto, serão apresentadas algumas categorias de *hashtags*, conforme segue:

- **Branding:** corresponde à categoria de *hashtag* criada pelo usuário, com viés personalíssimo, específica para o seu trabalho e que deverá ser sempre utilizada, até mesmo para que os seguidores dela também comecem a fazer o uso, apresentando-a para outros.

- **Localização:** trata-se da categoria de *hashtag* utilizada para informar locais relacionados com a profissão e atuação, por exemplo, #forumbh, #presidiobangu, #tj, #delegacia, #diligenciando, etc.

Além disso, é uma boa estratégia também, sempre que possível, analisar perfis e utilizar as mesmas *hashtags* que o público-alvo utiliza e/ou melhor aceita.

Assim automaticamente será notado por ele.

A título de exemplos, seguem algumas sugestões de *hashtags*, para serem utilizadas em publicações vinculadas à advocacia criminal:

#advocaciacriminal

#advogadocriminalista

#advocaciaraiz

#direitocriminal

#armasdefogo

#cienciasforenses

#penalnaveia

#leidedrogas

#tribunaldojuri

#sistemaprisional

Os 7 passos (resumo do capítulo)

1. Publique conteúdo de qualidade para alcançar conexão com o seu público!

Para isso, é essencial estudar as personas, ou seja, os perfis dos seguidores que almeja atingir, visando melhor compreender as expectativas e alinhar os conteúdos, de modo a atendê-las.

Tudo isso, também, tornará a criação de postagens informativas, interativas, úteis e atrativas para os seus seguidores, o que aumentará não só a qualidade, mas também a visibilidade e, consequentemente, o engajamento.

2. Crie uma boa identidade visual para o perfil!

Junto à qualidade do conteúdo, outro ponto importante é o da criação de uma identidade visual marcante, que faça a sua marca se destacar. Ao criar uma marca, a melhor opção será sempre inovar, ser autêntico, fugir do comum, do já existente, do parecido.

Quanto ao que se refere à escolha de cores, fontes e organização do *feed*, não se tem uma regra a ser seguida ou padrões predefinidos, mas é importante que o perfil esteja alinhado à marca e que as publicações transmitam e preservem sua essência. Além disso, é preciso focar em fotos e vídeos próprios que ajudem a deixar o conteúdo mais humanizado e próximo dos seguidores.

Afinal o Instagram surgiu para criar conexão entre pessoas, não é mesmo?

3. Poste com certa frequência!

Apesar de a qualidade ser sempre melhor que a quantidade, é

relevante que se tenha uma certa frequência de postagens, inclusive, para aumento do engajamento com o público.

Quando o usuário se ausenta do Instagram, é natural que, por isso, haja a perda de interação. Inclusive a própria rede social passa a diminuir o alcance do seu conteúdo, ao entregá-lo para um número reduzido de seguidores.

À vista disso, o certo é que se tenha uma frequência de postagens, sem exageros, que sirvam não só para manutenção da entrega adequada de conteúdos, mas, também, para criação de expectativas nos seguidores acerca do que será compartilhado.

4. Interaja com seus seguidores!

Interação é extremamente importante, seja no Instagram, em qualquer outra rede social ou na vida não virtual. A interação é um instrumento eficaz de conexão!

Desse modo, não basta criar uma marca: far-se-á necessário, por meio dela, interagir, conectar e engajar. Tal influência mútua poderá se dar por meio de comentários, mensagens diretas ou menções.

Logo, é preciso ficar atento a todo e qualquer tipo de comunicação, elaborar sempre respostas interessantes com linguagem correta, mas, ao mesmo tempo, acessível, já que se busca pela aproximação e o melhor atendimento às expectativas do público-alvo.

5. Aproveite os recursos dos stories!

Para aumentar a interação com o público e o engajamento no Instagram, uma das melhores ferramentas, sem sombra de dúvida, são os *stories*.

Esse formato de postagens temporárias tem ganhado cada vez mais popularidade desde que foi lançado e, com o tempo, também recebeu vários recursos interativos, que são extremamente atrativos para os seguidores, como enquetes, caixinhas de perguntas, inclusão de músicas, marcação de perfis, entre outros.

E o melhor de tudo é que tais funcionalidades são fáceis de utilizar, não exigem conhecimentos avançados de edição, o que permite um número maior de publicações diárias.

6. Use *hashtags* que façam sentido para o seu negócio!

Outro recurso que pode auxiliar muito na visibilidade das suas postagens e, consequentemente, no engajamento, são as famosas *hashtags*. Porém apesar de serem simples de usar e super úteis, por gerarem *links* para os conteúdos relacionados ao termo, deve-se ter um certo cuidado ao selecioná-las e utilizá-las.

Reitera-se que, para que as *hashtags* funcionem bem e atraiam usuários para os seus *posts*, é essencial que tenham relação com o seu negócio e com o conteúdo que será publicado.

Portanto não adianta inserir nos *posts* várias *hashtags* que não tenham relação alguma com o produto ou serviço oferecido, já que a inserção indevida poderá repelir o público e não o atrair.

Então a dica é: escolha com sabedoria as palavras-chave que serão utilizadas na criação das referidas.

7. Reposte menções de outros perfis!

Se os seus seguidores gostam, acompanham determinada marca, interagem com ela, fazem menções relacionadas a esta em seus perfis, ao adquirem produtos ou contratarem serviços, é bem provável que o mínimo que esperam é que sejam repostados.

Por isso, os *reposts* também merecem uma atenção especial e devem, inclusive, tornarem-se parte do seu conteúdo.

Os supramencionados são considerados valiosos para gerar não só engajamento com seus clientes que fizeram a publicação, mas, ainda, com todos os outros seguidores que acompanham seu perfil.

Assim sendo, vale aproveitar a oportunidade para escrever uma mensagem carinhosa de agradecimento pela menção e confiança, o que, inclusive, gerará uma prova de valor para o seu trabalho.

Deve-se ainda investir em *site* e cartão virtual.

10. NETWORKING

Vale dizer que *networking* trata da capacidade que o advogado criminalista precisa desenvolver, a fim de ampliar seus relacionamentos e criar uma rede de contatos relevantes, que sejam capazes de contribuir para seu engrandecimento dentro dos ciclos social e profissional.

Basicamente, *networking* consiste em uma forma de se trabalhar, por meio da constante manutenção e procura por criação de relacionamentos interpessoais frutíferos que, por sua vez, permitirão troca de experiências e informações importantes, colaboração mútua entre profissionais, expansão das atividades voltadas à carreira e aos negócios.

Sendo assim, quanto maior for a rede de contatos e relacionamentos com outros profissionais, ainda que de áreas diversas, maior será a chance de indicações e, consequentemente, de prospecção de clientes e fechamento de novos contratos.

É um método que possibilita a associação entre trabalho e relacionamento interpessoal, que tem ganhado cada vez mais espaço social, à medida que vem apresentando resultados profissionais positivos.

Atente-se, ao fato de que as pessoas ao seu redor o(a) observam por meio da rede de relacionamentos que possui. Ou seja, amigos, familiares e colegas de profissão são impactados pela forma como se relaciona profissionalmente e, ao criarem uma percepção otimista sobre isso e relacioná-la a benefícios, poderão até mesmo se tornarem "vendedores" do seu trabalho.

Lembrando que um profissional que visa ao sucesso deve buscar sempre ser uma pessoa sociável, gentil e carismática, principalmente ao participar de eventos profissionais, pois, assim, conseguirá gerar uma boa impressão nas pessoas que poderão ser fonte de indicação dos seus serviços.

Por isso, sugere-se que participe, sempre que possível, de eventos que possam permitir a ampliação da sua lista de contatos profissionais e criação de uma imagem de referência no seu campo profissional.

Assim, de maneira automática, passará a ser prestigiado também por colegas de profissão, o que repercute beneficamente perante os clientes, que passarão a vê-lo(a) como um profissional de destaque.

Desde o início do exercício da advocacia, deve-se buscar sempre fazer novos contatos, visto que pessoas influenciam outras, contribuem para o alcance de uma maior visibilidade, e, como já demonstrado, consequentemente, ampliam a cartela de clientes e de resultados.

Acentua-se que, mesmo após o atingimento de um patamar de excelência, com uma cartela significativa de clientes, o profissional que deseja estar sempre em evidência, além de manter os clientes existentes, não pode se abster de buscar por novos contatos, já que é essa atualização constante que permitirá a manutenção do seu status de referência; caso contrário, aos poucos, será esquecido.

Ainda no presente contexto, ressalto que eu, por exemplo, frequento até hoje os lugares onde fiz meus primeiros contatos, para mantê-los preservados, além dos novos que procuro fazer, ambicionando ampliar a cartela de clientes.

Em 2012, estavam em alta as festas eletrônicas por todo país: eram eventos que duravam mais de 12 horas com público de mais de 60 mil pessoas e que foram extremamente importantes, à medida que, ao deles participar, aproveitava a ocasião para fazer novos contatos e me apresentar como advogado criminalista.

Logo, toda e qualquer oportunidade deve ser bem aproveitada para fazer seu nome profissional.

No entanto é importante assinalar que os melhores lugares para fazer *networking* e prospectar clientes no âmbito da advocacia criminal são: eventos sociais, comunitários, festas, bares, jogos de futebol, em suma, todo lugar em que se tenha maior interação entre pessoas.

Sucintamente, importante conceituar os referidos ambientes.

O evento social nada mais é que o encontro de pessoas em local e hora previamente marcados e, sempre que possível, o advogado deve procurar se inteirar da realização destes, em especial, daqueles que terão como participantes seu público-alvo, ou seja, potenciais clientes.

Já os eventos comunitários são, na maioria das vezes, promovidos em comunidades periféricas ou em bairros cujos moradores são hipossuficientes, locais onde normalmente incide a maior atuação de um advogado criminalista, que deve frequentá-los, visando-a se apresentar, exercer função social e, por conseguinte, conquistar seus clientes.

Ainda dentro desse cenário, destaca-se a importância da participação do advogado em associações dos bairros, com intuito de prestar consultorias, ao se dispor para tirar dúvidas da população, que passará a vê-lo como seu representante.

Assim transmitirá credibilidade e confiança para os moradores, pelo simples fato de conceder informações básicas acerca dos direitos deles.

Sempre que um profissional fizer algo para alguém que não detenha o mesmo conhecimento que o dele, sem pensar em retorno imediato, estará praticando o bem e, quando menos esperar, lhe será retribuído, por meio do reconhecimento das próprias pessoas a quem se prontificou ajudar, bem como de outras que passarão a admirá-lo.

Assinalo, ainda, que dentre os lugares propícios para se conquistar clientes estão as festas em geral.

Na capital, por exemplo, aos finais de semana, costuma-se ter mais de 15 opções de eventos, sejam eles gratuitos ou pagos, com participação de atrações renomadas, que atraem milhares de pessoas e, geralmente, possuem setores *open bar* e *open food*.

Entendo que, pelo menos uma vez ao mês ou sempre que possível, é bom participar, ainda que de forma onerosa de eventos do tipo susodito, por serem frequentados por muitas pessoas, o que permitirá que reencontre antigos contatos ou estabeleça novos.

O importante é ser sempre visto e lembrado.

Ainda, bares por serem locais frequentados por muitas pessoas também se fazem favoráveis no quesito ampliação da rede de contatos; por isso, sugiro que os frequente, pretendendo se relacionar socialmente.

Assim, sempre que tiver oportunidade, o ideal é inserir nas conversas assuntos relacionados à sua atuação, posicionar-se, de modo que as pessoas passem a reconhecê-lo como autoridade dentro da sua esfera e, em caso de eventual necessidade, contrate-o ou indique-o.

Além disso, é relevante ainda fazer amizade com o proprietário e colaboradores dos estabelecimentos que frequentar, já que estarão ali todos os dias, lidando com uma grande rotatividade de pessoas, o que lhe pode ser muito favorável.

Normalmente, frequentar jogos de futebol também é uma excelente opção, já que o simples fato de torcer para o mesmo time pode ser favorecedor para que as pessoas se identifiquem umas com as outras e desenvolvam naturalmente um contato.

Ainda são lugares frequentados por integrantes de torcidas organizadas e que, em virtude da rivalidade com as adversárias, costumam se envolver em confusões que, na maioria das vezes, acabam com conduções para delegacia.

Portanto é muito importante se apresentar nesses locais como um advogado criminalista, posto que até mesmo em um momento de lazer, assistindo uma partida de futebol do seu time, poderá estar prospectando clientes.

O fato de atuar para integrantes de torcidas organizadas, gera para o advogado mais visibilidade, considerando que passará a ser conhecido pela maioria dos torcedores daquele time.

O futebol é um evento tão significativo que, durante uma Copa do Mundo, interrompeu uma guerra, além de fazer parte dos quadros de programas televisivos de maior audiência, dentre eles, o Fantástico, que normalmente apresenta os jogos relacionados ocorridos no respectivo final de semana, expõe as partes mais importantes da partida e eventuais ocorrências de conflitos entre torcidas.

Além disso, constata-se a tamanha importância do referido esporte, ao observar que, na maioria dos jornais impressos, a primeira matéria que vem na capa sempre está relacionada a este.

Dessa forma, conclui-se que o advogado criminalista que não possui essa importante visão sobre a boa relação existente entre futebol e prospecção de clientes está perdendo a oportunidade de fazer novos contatos, captar clientes e, consequentemente, fechar novos contratos.

Além dos jogos de futebol, deve-se frequentar locais ou participar de eventos que tenham maior quantidade de pessoas, afinal, assim também será iminente o risco de ocorrências em razão de desentendimentos e, em consequência disso, será necessária sua atuação.

Ainda dentro dessa conjuntura, reitero a importância de sempre adequar sua apresentação e aparência à ocasião que, nos locais anteriormente mencionados, por exemplo, não exigirá trajes formais.

Cumpre dizer que, com o tempo, mudanças de hábitos, ampliação da rede de contatos, reconhecimento profissional, além dos eventos sociais, surgirão convites, oportunidades para participar de eventos realizados pela OAB ou associações como, por exemplo, a ANACRIM.

Tais eventos viabilizarão uma conexão com outros profissionais que tenham objetivos de carreira semelhantes aos seus ou que até mesmo já estejam em um patamar mais elevado, com os quais poderá trocar informações construtivas.

Quanto mais próximo o advogado estiver dos quadros da OAB, instituição que representa – bem como frequentar os eventos promovidos para a classe – mais credibilidade irá adquirir no seu meio e fora dele, já que será reconhecido como profissional sempre inteirado.

Vale frisar que, no caso do advogado criminalista, a credibilidade se torna ainda maior, quando fizer parte ou participar de eventos promovidos por comissões relacionadas à área, como, por exemplo, comissão de assuntos penitenciários.

11. A IMPRESCINDIBILIDADE DE SE TER UM MENTOR

Primordialmente, cumpre enfatizar que experiência é algo que não se compra, mas que tão somente se adquire, por meio dos esforços e instrumentos empregados no exercício do ofício ao longo do tempo.

Em especial, no âmbito da advocacia criminal, far-se-á indispensável atuação constante, com trocas de experiências edificantes entre iniciantes e veteranos, obtenção de credibilidade e visibilidade, além da demonstração de competência, ao atingir bons resultados, para, assim, tornar possível o alcance do próprio reconhecimento de experiente e, por conseguinte, de excelente.

À vista disso, visando à aceleração do atingimento do iniciante ao patamar predito, é que vem se tornando cada vez mais reconhecida como imprescindível a busca por um mentor, ou seja, um profissional veterano, com vasta experiência, para nele se inspirar no estilo de trabalho e vida, seguir seus passos, realizar trocas construtivas e aprender o caminho para o sucesso também lograr.

Ainda, importante assinalar, que o fato de um profissional ser apadrinhado por outro que, por sua vez, já é tido como excelência, automaticamente o torna mais benquisto profissionalmente.

Como assim?

As pessoas, de maneira natural, passarão associar a imagem do mentorado ao do mentor, o que lhe oportunizará fortalecer a confiança e credibilidade em seu trabalho.

Inclusive sou exemplo disso, já que ao analisar minha trajetória vejo o quão crucial foi a figura do meu mentor Jayme (*in memoriam*), especialmente, quando iniciei na advocacia, posto que, além de ter sido a chave para meu ingresso na esfera criminal, com sua experiência conduziu-me da melhor forma, conferiu credibilidade perante outras pessoas e, consequentemente, muito contribuiu para que eu prospectasse meus primeiros clientes.

Então ter um mentor como estímulo faz total diferença, principalmente, na vida do iniciante, dado que a mentoria, além de viabilizar uma boa repercussão profissional, ainda, permitirá a quebra de eventuais inseguranças existentes que, por seu turno, darão lugar aos sentimentos de grande valia de que todo advogado precisa ter e transmitir autoconfiança e coragem, como já abordado.

Em suma, popularmente falando, desde que qualquer pessoa se entende por "gente", a troca de experiências se faz presente, visto que alguém sempre terá o que ensinar, agregar a outro que, por sua vez, terá que aprender e no campo profissional, não é diferente.

No entanto é importante aclarar que troca de experiências ainda se trata de uma via de mão dupla, ao passo que é plenamente possível se ter aprendizagem mútua.

A título de exemplo, cita-se a situação em que de um lado há um advogado veterano (mentor) detentor de absoluto domínio de questões processuais penais, porém desprovido de conhecimentos tecnológicos, hoje indispensáveis para o crescimento de um escritório e, de outro, o iniciante (mentorado) que, por ora, tem aptidão nesse sentido. Logo, um poderá contribuir com o outro.

Ainda há casos em que se fará necessária a realização de diligências por profissionais sob orientação de outros, dentre elas estão os trabalhos de campo em delegacias e presídios, ocasiões em que também haverá mutualidade na troca de experiências, posto que aquele que as realiza contribui com outrem, mas, ao mesmo tempo, adquire experiência prática e aprende com quem o está orientando.

Além disso, reitera-se a importância desse trabalho em conjunto para a prospecção dos próprios clientes, vez que o iniciante (mentorado), normalmente, ainda não possui uma cartela significativa como a do veterano (seu mentor); mas, ao trocar experiências e contribuir com ele, também contribuirá consigo, já que, por intermédio dessa troca positiva, alcançará, de modo automático, credibilidade e mais visibilidade para que isso aconteça.

Ressalta-se que se deve buscar uma relação saudável, pautada no respeito, em que primeiro se oferece, para, depois, receber, assim como a lógica natural da vida: "planta-se antes, para posteriormente colher".

Inclusive, em alguns casos, é importante que aquele que deseja ser apadrinhado, prontifique-se como voluntário, coloque-se à disposição para contribuir, em caso de eventual necessidade, com aquele que reputa como profissional adequado para ser seu mentor.

Todavia recomenda-se o cuidado para que tal aproximação não surta o efeito de algo forçado ou uma forma de oportunismo declarado, o que não é bem-visto e/ou aceito profissionalmente.

Procure não ser entendido como oportunista, inconveniente, pedinte, mas como alguém solícito, com desejo de contribuição, ainda que sem receber retorno financeiro por isso.

Como escolher um mentor?

Antes de qualquer resposta, o mais apropriado é sugerir que faça para si mesmo o seguinte questionamento:

Eu me identifico ou tenho como referência algum profissional em minha área de atuação?

Se a resposta for positiva, provavelmente esse será o mentor mais indicado para você, ao considerar que a existência de uma identificação prévia, por si só, já indica que as trocas poderão ser exitosas.

Contudo, caso ainda não tenha em mente um profissional em quem se inspire, caberá buscar por aqueles que, pela ampla experiência que possuem, estão em evidência no mercado, dentre eles, provavelmente estará o mentor ideal para você.

Como deve ser feita tal busca?

Dentre os meios de se buscar por profissionais de destaque e, por conseguinte, potenciais mentores, estão as pesquisas nos Tribunais de Justiça, por meio das quais é possível verificar a quantidade de processos em que atuam.

Feito isso, deve-se selecionar os mais atuantes e procurar se informar acerca dos dias, horários, comarcas e varas onde ocorrerão audiências ou estarão em Plenário do Tribunal do Júri, para que neles possa comparecer.

Além disso, recomenda-se que a participação seja pessoalmente ou, ainda, que de forma virtual, de cursos, palestras e transmissões em que o profissional que reputa como seu possível mentor irá ministrar.

Hoje em dia, com a tecnologia, o contato entre pessoas resta viabilizado, basta dispor de interesse, tempo e força de vontade para que haja uma proximidade, e que, inclusive, tem sido alcançada por meio de *lives* no aplicativo do Instagram ou no YouTube, ao permitirem interação em tempo real.

Fundamental se faz seguir, acompanhar os profissionais que julgar importantes nas redes sociais e, se viável, convidá-los para um café, almoço, ou, até mesmo, para eventos ou outras ocasiões sociais, com o intuito de se conhecerem melhor, trocarem experiências e, assim, se aproximarem.

Dessa forma, provavelmente conseguirá escolher seu mentor e, assim, apresentar o que de melhor tem a oferecer.

12. A IMPORTÂNCIA DE SE FAZER PARCERIAS

Atualmente, a realização de parcerias com outros profissionais também tem se mostrado como opção importante no âmbito da advocacia, ao ser considerada como uma boa estratégia para impulsionar o crescimento dos escritórios, bem como da credibilidade dos clientes, que passarão a ter uma boa impressão, ao tomarem o conhecimento de que mais profissionais estarão disponíveis e empenhados para atuar nos seus respectivos casos.

Inclusive, em algumas demandas, em que a realização de parcerias será necessária, seja em razão da exigência de especialização em determinada área de atuação ou, até mesmo, por questões geográficas, quando advindas de outra região que o escritório tenha dificuldades para alcançar.

O vínculo de parceria pode surgir ainda de uma amizade, da troca de experiências e/ou da identificação mútua entre profissionais que, por sua vez, terão interesse na atuação conjunta, conforme o caso.

Ainda parcerias são capazes de otimizar tempo e trabalho, já que, na eventualidade, por exemplo, de se ter um cliente em um município distante, poderá o advogado responsável pelo caso valer-se de uma parceria com outro, que resida no local, para fins de realização das diligências necessárias.

Assim não precisará dispor de tempo com deslocamento, mas utilizá-lo para dedicação a outro caso ou, até mesmo, para a prospecção de novos clientes.

Vale ressaltar que a advocacia colaborativa tem ganhos para os dois lados, posto que possibilita oportunidades de crescimento tanto para o escritório requisitante quanto para os profissionais requisitados.

Cabe esclarecer que um advogado, ao convidar outro para atuar em determinado caso, de grande repercussão ou não, está firmando uma parceria, com o objetivo de prestar uma advocacia mais forte, não de se constituir uma sociedade e isso deve ser transmitido de maneira transparente ao cliente, já que, após realizada, cada um continuará nos demais casos com seu escritório.

Em todos os casos, é bom que se firme um acordo por escrito, com fixação prévia do percentual de participação nos honorários devida a cada um, com intuito de se evitar qualquer discussão *a posteriori* nesse sentido.

13. CLIENTES

Primeiramente, vale sublinhar, que ao ser consolidada a base estrutural, ou seja, da visibilidade, por meio da demonstração de conhecimento, autoridade, coragem, apresentação de boa aparência, realização de *networking* e *marketing* digital, surgirão os primeiros clientes, ainda que, a princípio, para tirar dúvidas.

Por sua vez, os clientes correspondem ao segundo elemento da estrutura da pirâmide do método Quéops e são tidos como objeto principal da prospecção, especialmente, no que se refere à conquista e manutenção do reconhecimento de uma boa carteira.

Por isso, far-se-á sempre imprescindível a prestação de um bom atendimento para os interessados na contratação dos serviços, seja em meio físico ou virtual.

Atendimento virtual x físico

O atendimento virtual, na maioria das vezes, será realizado por meio de ligação telefônica. Ao ocorrer, o mais recomendável é que, nesse primeiro contato, faça-se apenas uma introdução prévia do que trata o caso e, em seguida, inclusive, por questões de segurança, sugere-se que os demais detalhes sejam tratados posteriormente, por meio de aplicativos de comunicação criptografados; dentre os mais comuns estão WhatsApp e Telegram.

A vantagem de os diálogos ocorrerem pelos aplicativos supracitados está no fato de que os assuntos abordados serão preservados somente entre contratante e contratado, ou seja, cliente e advogado, limitando o acesso de outras pessoas a estes, inclusive, no caso de eventual interceptação telefônica.

Além disso, é uma forma que o próprio advogado tem de se resguardar, já que todas as mensagens ficarão registradas e salvas.

Recomenda-se, ainda, que o diálogo ocorra de forma estratégica, para que não seja apenas mais um caso de consultoria grátis, o famoso "tirar uma dúvida", tendo como consequência a não prospecção do cliente e, por conseguinte, nenhum ganho de honorários.

Ao ter o primeiro contato, seja por meio de ligação telefônica ou de conversa por meio de aplicativos de comunicação, o advogado deve procurar saber quem é a pessoa que está do outro lado, se é o próprio cliente para o qual o trabalho será realizado ou se é um familiar, cônjuge, companheira(o), namorada(o) ou amiga(o) que está intermediando a contratação.

Feita a referida identificação, o segundo passo será saber de qual tipo de serviço o cliente precisa para verificar se está inserido do seu âmbito de atuação.

Caso esteja, deverá procurar o advogado, em especial, o criminalista, inteirar-se acerca do dia e horário em que o suposto crime foi praticado, para saber se trata de caso de flagrante ou atuação posterior.

Ainda é importante procurar saber em qual região o suposto crime foi praticado, para analisar a possibilidade de deslocamento em caso de flagrante, bem como tomar desde já conhecimento no que concerne à competência da delegacia responsável pelo caso e, até mesmo, do órgão julgador.

Se o caso for de diligência ou de atuação posterior, o principal será saber o nome completo da pessoa, nº da carteira de identidade, nome da mãe, se encontra-se presa ou solta, qual local e horário o suposto crime ocorrera, para assim poder consultar o andamento do inquérito ou processo.

Após verificar se trata de flagrante ou não, bem como adotar as medidas necessárias, o advogado deverá agendar um horário para uma consulta prévia com duração máxima de até uma hora, em formato de consultoria, presencial ou por videoconferência com o interessado na contratação.

Na ocasião, é bom que o profissional demonstre interesse em ouvir atentamente os fatos, solidarize-se com a dor e o problema que estão sendo suportados pelo cliente e pessoas próximas a ele. Seja simpático, carismático, solícito e cortês ao oferecer uma água ou café e apresentar a solução que considera melhor para o caso e, se necessário, deverá, inclusive, anotar, desenhar ou imprimir o que relevante for para o completo entendimento do interessado.

Outrossim, é interessante comentar sobre casos em que já tenha atuado ou casos de que tenha ouvido falar; informar qual é o posicionamento do poder judiciário em todas as suas instâncias em situações semelhantes.

É obrigação do advogado obedecer à teoria dos jogos, estudar seu oponente, na esfera criminal, em especial, o Ministério Público, tal como consultar sentenças proferidas, principalmente as de condenações, com o intuito de conhecer as fundamentações utilizadas pelos magistrados e por cada câmara do respectivo Tribunal de Justiça ao julgar *Habeas Corpus*.

Então o profissional demonstrará ao interessado que já tem uma noção prévia a respeito do tipo de entendimento que costuma ser adotado por quem irá julgar ou se manifestar no caso, gerará para si, de forma automática, mais credibilidade e condição de autoridade, o que influenciará positivamente para o *posteriori* fechamento do contrato.

É válido, também, que o advogado explique de maneira sucinta como funcionará cada fase do inquérito, processo, recurso e execução penal a depender do caso. Porém a mencionada explicação sempre deverá ser pautada nos sentimentos de respeito, transparência e humildade, sem quaisquer promessas de resultados, ainda que tenha excelência no que faz, vez que a decisão final competirá a outrem.

Importante, ainda, esclarecer pontualmente quais os serviços serão prestados, para que depois o cliente não cobre algo que não restou bem esclarecido, em sede de reunião ou que exceda ao serviço contratado.

Exemplo: o cliente constitui o advogado para atuar em determinado processo e durante seu trâmite surgem novos. Se, de antemão, o advogado tiver deixado claro que o contrato inicialmente firmado não abrangerá outros casos, além daquele objeto da contratação, pouco provável que o cliente irá exigir sua atuação nos demais, sem que o tenha contratado para tanto. Por isso, é importante, ainda, mencionar o número do processo, explicar como funciona a atuação, as fases, tanto preliminar quanto processual.

Assim o profissional zeloso com tais aspectos evitará situações que lhe forcem a atuar em fase diversa da pactuada contratualmente, ou seja, se foi contratado para atuar até a sentença, não lhe caberá interpor eventuais recursos ou assumir a fase de execução da pena.

Tal consulta deverá ser cobrada, ainda que realizada mediante o pagamento de uma quantia simbólica, visto que a simples cobrança pela disponibilidade de tempo e de conhecimento empregados pelo advogado, naquela ocasião, é capaz de conferir mais valor e credibilidade ao seu trabalho.

Dentro do presente contexto, ainda cumpre sugerir que o valor da consultoria em caso de contratação dos seus serviços, seja deduzido no valor dos honorários decorrentes do contrato, na entrada ou primeira parcela.

Será na referida oportunidade que o advogado conseguirá analisar o perfil do cliente para, depois, melhor estabelecer o valor dos seus honorários.

Em relação ao contrato de honorários, recomenda-se que se seja bem objetivo e transparente, bem como contenha a qualificação completa do contratante e contratado, especificação dos serviços, menção do número identificador, seja do processo, inquérito ou REDs, além dos valores que serão cobrados, de acordo com cada serviço prestado e suas respectivas formas de pagamento.

Hoje em dia, é muito comum o alto índice de inadimplência em relação ao pagamento de honorários; logo, para evitar tal situação, o advogado deverá constar no contrato não só a forma de pagamento, mas especificar, em caso de parcelamento, os moldes em que as parcelas serão pagas.

Tem-se por ideal a cobrança de um valor a título de entrada, de pelo menos 20% e o restante, dependendo do caso, dividido em parcelas que deverão ser pagas até o fim dos serviços prestados.

Então, por exemplo, no caso de atuação em um processo que verse sobre o crime de tráfico de drogas, caso não seja revogada a prisão, normalmente a audiência acontecerá no prazo de 180 dias, que é estabelecido para formação de culpa, sob pena do relaxamento de prisão. Já nos casos que envolvam crimes comuns, o referido prazo será de 120 dias. Logo, os honorários advocatícios poderão ser parcelados no primeiro exemplo em até seis parcelas mensais e, no último, em até quatro.

Diante disso, vale ainda acrescentar que, em caso de parcelamento, o mais indicado é que este seja feito por meio de cartão de crédito, boleto bancário, cheque; títulos passíveis de execução que, em caso de inadimplência, assegurarão o direito de cobrança do contrato de honorários.

Reputa-se também, como muito importante, incluir no contrato de honorários, em caso de cliente preso, o valor do deslocamento para assistência em presídios, com especificação de distância e diferença de valores.

Deverá, ainda, assinalar neste o valor cobrado em caso de transferência do preso para comarca diversa daquela em que o escritório se encontra instalado.

Também se deve inserir no referido termo contratual cláusula que disponha sobre desistência ou rescisão contratual antecipada, que assegure como devido o valor total pactuado, após o início da prestação dos serviços.

Vale ressaltar que, em algumas situações como as de flagrante, não será possível se ter previamente uma consulta; logo, após tomar ciência dos fatos, deverá de imediato informar os valores para acompanhamento do ato e receber antes mesmo de se deslocar para a delegacia responsável; ou sendo o caso de pagamento em espécie, deverá deixar convencionando o pagamento assim que no recinto da diligência chegar.

Ainda cumpre frisar que, após ser constituído, o advogado será responsável por questões de cunho jurídico. Os cuidados com o preso incubem à família, como, por exemplo, a entrega de *kits* e visitas.

O advogado criminalista, ao prestar assistência jurídica no presídio, não realizará visita, portanto, não lhe compete ir com frequência para saber como o preso está e de forma alguma levar e/ou trazer objetos ou recados.

Inclusive a prestação de assistência de forma exagerada poderá ser negativa para o próprio cliente, ao ponto de lhe gerar consequências se, porventura, os outros presos entenderem que este está saindo com frequência para passar informações sobre o que acontece na cela.

Quanto ao atendimento em presídio, deve o advogado atentar para o uso de vestimentas que estejam de acordo com o estabelecimento, que não ofendam as políticas internas e serventuários e, principalmente, os detentos como já mencionado.

Não deve se esquecer de levar a procuração, caneta esferográfica de corpo transparente e papel em branco para anotações pertinentes.

Importante ressaltar que alguns presídios disponibilizam o serviço de agendamento de horário, para fins de atendimento ao preso. Ante isso, o advogado deverá, antes de se deslocar até a referida unidade, procurar saber se é o caso, a fim de poupar tempo e evitar um deslocamento inútil.

Com referência à conversa com o cliente, recomenda-se que o foco seja concentrado nas informações processuais, que deverão ser transmitidas com autoridade e confiança. Na oportunidade, ainda é válido mencionar algum caso em que atuou, que teve um bom resultado e que guarde semelhanças com aquele para o qual foi constituído.

Vale também procurar saber em qual região o cliente mora, citar durante a conversa outros clientes que moram na mesma região ou que estão na mesma unidade prisional que este e que servirão como fonte de referência.

QUAL O PERFIL DOS CLIENTES QUE PRECISA TER COMO ALVO?

Nos meus mais de dez anos de experiência na advocacia, percebi que havia algo em comum em 90% contratos fechados. Ao tomar a decisão de criar o presente método, analisei todos os contratos fechados no decorrer do exercício da profissão e puder concluir que o maior percentual corresponde às contratações feitas por mulheres, entre 18 e 25 anos que, por sua vez, são namoradas, esposas e irmãs e entre 40 e 60 anos, que são mães dos clientes.

Nessa mesma perspectiva, pode-se ainda observar que as filas nos presídios em dias de visitas e entregas de *kits* são compostas majoritariamente por mulheres. Ante o exposto, conclui-se que o público-alvo no âmbito da advocacia criminal, especialmente, é formado por mulheres.

Sendo assim, na hora da reunião presencial ou consultoria, como preferir, é muito importante que o advogado esteja acompanhado de uma outra mulher durante o atendimento, para transmitir segurança, inclusive, para se ter um posicionamento feminino, caso necessário.

Sem contar que não é aconselhável que se faça o atendimento sozinho, até por questão de segurança, principalmente, quando se tratar de mulher de preso, para se resguardar de que cheguem posteriormente até seu conhecimento fatos distorcidos.

Outra possível estratégia é a de atuar para *influencers* digitais, já que hoje são tidos como pessoas que motivam e interferem muito nas vidas de outras, principalmente, no que se refere às escolhas das mulheres.

Ao surgir uma oportunidade de atuação midiática, ainda virtual, como no caso anteriormente citado, sugere-se que aceite, inclusive, na condição de *pro bono*, para que desta outras remuneradas venham surgir.

O mesmo deverá ser aplicado para casos de grande repercussão midiática, ou seja, ainda que o advogado não receba expressamente o valor devido a título de honorários pela realização do seu trabalho, é sempre bom atuar visando ao ganho de visibilidade com a mídia.

Na mesma linha de raciocínio, ainda estão os casos em que se tem como parte presos conhecidos como de alta periculosidade, que têm respeito no sistema prisional, em especial, aqueles cuja pena restou fixada em patamar elevado e que, consequentemente, o cumprimento se dará por longo prazo.

Ao se valerem dos referidos métodos, as pessoas passarão a ver o profissional como uma referência e, logo, irão valorizar, procurar e indicar seus serviços.

Ressalta-se que para o advogado criminalista ser conhecido e ter bons relacionamentos pode ser um fator positivo, inclusive, para que, em caso de eventual desavença com um cliente, tenham outros em seu favor para intervir e apaziguar.

Desse modo, restarão ao máximo preservados seus sensos de confiança, autoridade e coragem, tal como a sua integridade física e mental, para continuidade do exercício de suas atividades.

14. RESULTADOS

Os resultados correspondem ao terceiro elemento da estrutura da pirâmide do Método Quéops, desenvolvido para o alcance de êxito na prospecção de clientes dentro da esfera criminal.

E que, ainda, são parte do processo de construção de uma marca pessoal e da imagem profissional que será apresentada perante a sociedade e o mercado.

Apesar de existir previsão no Código de Ética, no sentido de que a advocacia é uma profissão pautada pela discrição, com cautela, será plenamente possível promover sua marca pessoal e escritório, pelos meios disponíveis para os devidos fins.

Vale ressaltar que se mostrar para o mercado, por meio dos resultados, exige sobriedade. Logo, na maioria das vezes, deverá o profissional se valer, no momento da apresentação destes, de uma postura mais séria e moderada mesmo.

Contudo isso não significa dizer que o advogado deverá se limitar ao extremo ou deixar de se apoiar em instrumentos e qualidades que lhe gerem uma imagem de valor frente ao mercado.

Inclusive pelo fato de alguns dos indicadores de seus diferenciais já fazerem parte de forma natural do seu cotidiano, dentre eles, a forma que se apresenta socialmente e presta seus serviços.

Sendo assim, não cometerá nenhum tipo de excesso o advogado ao se apresentar sempre bem-vestido, mostrar seu *lifestyle*, ou realizar seus atendimentos em um bom ambiente, visto que, tudo isso, apesar de indicar seus potenciais resultados, faz parte e corresponde à sua realidade.

É oportuno esclarecer que, como qualquer outra pessoa, não está o advogado privado de compartilhar suas conquistas pessoais e patrimoniais, ao alcançá-las, dentre as quais, estão a aquisição de um imóvel, do próprio escritório ou do veículo dos sonhos, além da realização de viagens e momentos sociais em locais bem frequentados.

Desse modo, ainda que as supraditas sirvam de parâmetro para maior valorização do seu trabalho ou sejam vistas como consequência de bons resultados, são frutos dos seus esforços e alcançadas dentro da legalidade.

Logo, quando possível, poderão ser utilizadas, não exclusivamente com intuito de se promover, mas de inspirar outros profissionais para que também persigam seus sonhos.

Cumpre enfatizar que a referida apresentação de uma boa imagem e/ou das conquistas alcançadas influenciará diretamente em toda a estrutura do Método Quéops, por se tratar de situação que tem potencial para gerar visibilidade, atrair clientes e, ainda, imprimir a ideia de bons resultados.

Quanto aos resultados, em especial, no âmbito da advocacia criminal, na maioria das vezes, serão confirmados por meio da restituição da liberdade, mediante expedição de alvará de soltura que, por seu turno, também poderá ser compartilhado pelo advogado com outras pessoas, inclusive, por se tratar de uma questão de mérito, de demonstração de competência e bom desempenho no exercício do ofício.

Importante ressaltar que todo o ciclo da estrutura da pirâmide do Método Quéops deve estar sempre em harmonia e movimento.

Como já dito, se um elemento não é observado, os demais não funcionarão bem e toda a estrutura restará comprometida.

À vista disso, o que se conclui é que visibilidade, clientes e resultados são de fato elementos inseparáveis e que estão a todo momento naturalmente relacionados.

Portanto não adianta ter visibilidade e clientes, se seus resultados não são satisfatórios; não há como se manter uma prospecção de clientes frutífera sem entregas consideradas positivas.

Na verdade, advogado que não alcança um patamar razoável de bons resultados na advocacia criminal, em curto prazo, passará a ter visibilidade negativa e, consequentemente, perda de clientes.

Por isso, é tão importante a busca pelos melhores resultados possíveis, e que, por sua vez, nem sempre serão os de absolvição ou de restituição de liberdade, mas, em alguns casos, tratarão do simples alcance de benefícios que abrandam a penalidade, como, por exemplo, desclassificação ou diminuição da pena, dentro da cominação legal do crime praticado ou lapso temporal de pena cumprida.

Em resumo, todo e qualquer tipo de demonstração de resultado positivo será relevante para o atingimento e reconhecimento de um nível profissional mais elevado.

Então, sempre que possível, é bom que o advogado comente sobre os respectivos resultados alcançados com pessoas próximas, tal como em suas redes sociais, a fim de alcançar os sentimentos de confiança e credibilidade em seu trabalho, assim como qualquer outro profissional está autorizado e deve fazer.

15. COMO ELEGER A ÁREA DE ATUAÇÃO

Em primeiro lugar, cumpre observar que, devido ao grande número de advogados no mercado, destacar-se não é uma tarefa fácil. Ante tudo que foi explanado anteriormente, é evidente que se faz necessário encontrar uma forma de manter sua marca profissional consolidada e visível, devendo ser esta uma das metas traçadas por quem busca destaque. Para atingir tal objetivo, de forma mais eficaz, é preciso ter foco, selecionar um nicho de atuação e tornar-se especialista nele.

Todavia, o profissional, antes de traçar a referida meta, deve fazer uma prévia avaliação, a fim de entender como as pessoas o percebem como advogado, vez que a resposta já pode ter sido dada, pela exteriorização de sua vocação, ainda que inconscientemente.

Uma boa forma de se entender a importância de uma especialização será, inclusive, por meio da análise de outras áreas, como, por exemplo, da medicina.

Diante disso, sugere-se que seja feito o seguinte questionamento:

Você teria coragem de fazer uma cirurgia extremamente delicada com um clínico geral ou buscaria um médico especialista na área pertinente para realização?

Provavelmente, por questão de mais segurança, optaria por realizá-la com um profissional que tivesse especialização no tipo de procedimento cirúrgico a que irá se submeter.

A maioria das pessoas entende que o médico que se especializou confere mais segurança do que o médico generalista, logo, a tendência natural é buscar por um profissional que possua maior conhecimento em determinada área, o que também ocorre na relação entre cliente e advogado.

Assim, uma vez que tenha decidido atuar na advocacia, é imprescindível que o advogado tenha foco, delimite a área de atuação e dentro dela escolha um segmento para se tornar especialista nele.

A chance de êxito nas causas será sempre proporcional à especialização que se tem. O advogado que se apresenta como generalista enfraquece o seu valor, por não conseguir exaltar nenhum atributo que possa ser visto como diferencial. Por sua vez, aquele que se apresenta como especialista e concentra sua habilidade, automaticamente será mais valorizado.

Até a marca daquele profissional se tornará mais respeitada, ao ter sido criada em um meio específico, o que gera mais credibilidade, enseja condição de referência e, consequentemente, atribui uma melhor reputação no mercado.

Dito isso, é preciso ter muita clareza e certeza no momento da realização da escolha de uma especialização, para evitar erros e seguir o caminho certo. Se pairarem quaisquer dúvidas sobre a decisão, melhor que sejam sanadas antes de tomá-la, assim, evita-se perda de tempo com algo que não prosperará. O exercício da profissão tem que ser oriundo do gostar, para ser capaz de proporcionar prazer e satisfação.

Se o profissional tem identificação e afinidade com a área criminal, ao escolher atuar dentro da esfera, poderá estreitar ainda mais seu foco e aumentar o seu valor profissional, ao concentrar seus esforços e direcionar sua imagem para um dos segmentos existentes nesta.

Delimitar a área de atuação torna o profissional singular, visto que ser muito bom em algo torná-lo-á diferente. Por isso, importante escolher bem, analisar os pontos fracos e fortes, a trajetória, os maiores êxitos e habilidades empregadas para alcançá-los.

Em contrapartida, deverão ainda ser avaliadas as dificuldades, de modo que seja possível fazer um balanço entre favorável e desfavorável, para se chegar a uma melhor decisão.

No início, e até mesmo ao longo da carreira, tende a aparecer com bastante frequência a oportunidade de atuação em flagrantes, e algumas pessoas têm preferido se dedicar a estes, inclusive, por serem considerados como uma boa opção, tendo em vista o retorno financeiro que, na maioria das vezes, é recebido antecipadamente à prestação do serviço.

Além disso, geram muita visibilidade e são tidos como uma excelente oportunidade para realização de *networking* no campo de trabalho, por envolver diversas pessoas no ato do acompanhamento.

Apresenta-se também como uma alternativa a atuação em fase de execução penal, dentro da qual há um grande número de encarcerados que, na maioria das vezes, estão próximos de conseguirem algum benefício ou suportando as consequências de eventual erro no atestado de pena.

Contudo na execução penal não será possível cobrar um valor alto a título de honorários, já que a maioria dos clientes no referido momento já dispôs de praticamente todos os seus recursos financeiros para arcar com os custos decorrentes do processo de conhecimento e fase recursal.

Todavia há vantagens em atuar na mencionada fase, não só para fins de contato e aprendizagem de todo o processo, mas, ainda, para propagação do seu nome dentro das dependências dos presídios, o que gera aumento de visibilidade e, por conseguinte, mais chances de prospecção de clientes dentro do nicho de atuação.

Ainda tem o tribunal do júri que, por sua vez, é considerado o caminho mais curto para ganho de visibilidade e condição de autoridade, por ser uma vitrine perante a qual estarão várias pessoas assistindo à atuação, o poder de persuasão e a oratória do advogado frente ao conselho de sentença.

Contudo a referida atuação deve ocorrer de forma cuidadosa, tendo em vista que atuar mal em uma sessão de julgamento poderá ser o suficiente para o comprometimento de uma carreira, além de outros problemas que poderão decorrer de eventual condenação alta e/ou prejuízos causados ao cliente.

É válido também citar a atuação realizada nos casos que envolvem os crimes previstos na Lei de drogas que, por sinal, é considerada atrativa, em virtude de se ter por meio desta um maior retorno financeiro, devido ao consumo exacerbado de drogas que hoje se tem pelo mundo e, consequentemente, grande movimentação de dinheiro oriundo do tráfico no mercado, o que faz com que esse tipo de cliente tenha mais recursos financeiros para arcar com os honorários pactuados, inclusive, de imediato.

Mas, para isso, recomenda-se que o advogado criminalista se especialize no âmbito, por se tratar de procedimentos que exigem condução especial.

Uma outra boa opção para quem pretende atuar na advocacia, de forma mais pacífica, sem se submeter a maiores riscos, é atuação e especialização nos crimes de menor potencial ofensivo, aqueles cuja pena máxima não ultrapasse dois anos.

A modalidade de atuação supracitada não traz tantos riscos para o advogado, em razão de não existir, na maioria dos casos, a possibilidade de prisão, além de serem ofertados nestes alguns benefícios, como transação penal, suspensão condicional do processo e, na pior das hipóteses, em caso de condenação, ainda poderá a pena ser substituída por restritiva de direitos e/ou prestação pecuniária.

Por último, vale dizer que de todas as áreas do direito penal os honorários mais altos estão concentrados na atuação de quem é especialista em Direito Penal Econômico.

No entanto trata-se de uma área muito restrita, devido às maiores exigências dos clientes detentores de alto poder aquisitivo, o que dificulta, inclusive, o acesso.

Essas são apenas algumas das áreas para especialização dentro das inúmeras possibilidades que existem dentro da advocacia criminal.

Assim caberá a cada um estudar e escolher a que for de maior interesse e afinidade para si.

Feito isso, só restará se dedicar e direcionar os esforços com a certeza de que escolheu corretamente e de que aquele será o nicho para elevação do seu nível profissional.

CONCLUSÃO

Ao seguir o Método Quéops, as orientações traçadas, consolidar os elementos estruturais, ou seja, visibilidade, clientes e resultados, por meio da utilização do aliado *marketing* digital, o advogado criminalista entrará de vez no mercado da moderna advocacia criminal, manterá o bom desempenho do seu escritório e ainda proporcionará oportunidades de trabalho para outros profissionais.

Além disso, recomenda-se que o profissional, que busque ser reconhecido como autoridade, trabalhe com afinco, persistência, transparência, autoridade, humildade, preste atendimento de qualidade – seja no escritório, nos recintos adequados ou complexos penitenciários – a fim de construir de forma sólida tal impressão e para o seu trabalho gerar credibilidade e confiança, não passageiras, mas duradouras.

O atual profissional de destaque, como já mencionado, não é o que produz mais conteúdo informativo, mas o que apresenta os melhores resultados, possui melhor conexão e identificação com seu público-alvo, diversifica seus conteúdos, expõe seus posicionamentos, utiliza para tanto as ferramentas adequadas, hoje, em especial, o Instagram, o que não se limita a imitar, mas inovar e, quando não possível, inspira-se ou conta com o auxílio de quem já conhece o caminho, ou seja, um mentor.

Além das dicas já dadas, finalizo com uma última: seja audacioso, destemido e corajoso.

Afinal, como já dizia o sábio Sobral Pinto: "A advocacia não é profissão de covardes".

Livro composto nas tipologias Adobe Garamond Pro e Cinzel Regular.
Impresso pela Gráfica Paym em agosto de 2022.